FIABE di GHIACCIO

LA REGINA DELLE NEVI E ALTRE STORIE

Progetto grafico e impaginazione: Danielle Stern
Redazione: Nicolò Porro

www.battelloavapore.it

Pubblicato in accordo con Grandi & Associati, Milano.

Pubblicato per PIEMME da Mondadori Libri S.p.A.
I Edizione 2019

ISBN 978-88-566-7309-8

Anno 2019-2020-2021 Edizione 1 2 3 4 5 6 7 8 9 10

Finito di stampare presso Grafica Veneta S.p.A.
Via Malcanton, 2 – Trebaseleghe (PD)
Printed in Italy

IL BATTELLO A VAPORE

Sabina Colloredo

Fiabe di ghiaccio

La Regina delle nevi e altre storie

Illustrazioni di Erika De Pieri

PIEMME

Sommario

Se tocchi il ghiaccio con un dito, dici: «Brrr, che freddo!» e togli subito il dito. Ma il ghiaccio non è poi così male come sembra. Non è solo gelido e senza vita. Il ghiaccio conserva le cose. E anche i ricordi e le emozioni.
Se appoggi il dito su questo libro, si scioglierà in un mare di parole. Conservate nel ghiaccio fino a ora, provengono da un tempo lontano, brillanti di colori, musica e profumi.
Le ho raccolte e riscritte con i guanti. Solo per te.

LA REGINA DELLE NEVI

Hans Christian Andersen

C'era una volta uno spirito malvagio che odiava gli uomini e per danneggiarli si inventò uno specchio in cui le cose belle e buone che loro facevano svanivano nel nulla, mentre ciò che era brutto diventava anche peggio. Lo specchio passò di mano in mano e avvelenò il mondo, fino a che un giorno cadde a terra e si ruppe. Migliaia di schegge volarono dappertutto portate dal vento e si piantarono negli occhi e nel cuore del malcapitato che si trovava a passare di lì.

In una grande città affollata di palazzi e persone, vivevano due bambini che si chiamavano Gerda e Kay.

Abitavano uno di fronte all'altra, in due case così vicine che, se si affacciavano alle finestre e allungavano la mano, potevano sfiorarsi. Sui loro davanzali c'erano cespugli di rose di ogni forma e colore che erano cresciuti insieme ai due amici. Da nessun'altra parte della città si vedevano rose così belle, tanto che i passanti si fermavano a guardarle con il naso all'insù. Kay ne andava molto fiero e non c'era giorno che non dedicasse un pensiero o una carezza ai suoi amatissimi fiori.

Ogni giorno, dopo la scuola, Gerda e Kay spostavano una seggiola sotto quell'arcobaleno profumato per giocare o leggere, e stavano così bene insieme che le giornate fuggivano via veloci, lasciando solo un vago rimpianto per le tante cose che ancora sarebbero avvenute.

In inverno però il divertimento finiva, perché il freddo impediva ai due amici di uscire. Le rose si addormentavano sotto la neve e le finestre delle case si coprivano di ghiaccio.

Gerda e Kay però non riuscivano a stare neppure un giorno senza vedersi e così avevano escogitato un trucco: scaldavano una moneta sulla stufa e la appoggiavano al vetro delle finestre. Il calore scioglieva il ghiaccio e formava uno spioncino tondo da cui i due bambini potevano salutarsi e guardare la città che si copriva di neve.

«Ma quando finisce l'inverno?» chiedeva ogni sera Kay alla nonna.

Era stanco del freddo e del ghiaccio, ma ancor di più era impaziente di tornare a giocare con Gerda.

– Questa sarà la notte più lunga – rispose una sera la nonna, rimboccandogli le coperte. – Devi avere pazienza. Dormi sereno, e vedrai che domattina splenderà il sole.

Kay però non riusciva a prendere sonno. "La notte più lunga" era qualcosa di speciale che gli risuonava dentro come una magia. Non poteva perdersela dormendo, come se niente fosse. Si alzò e andò alla finestra, sperando che anche Gerda fosse sveglia, ma la casa dell'amica era buia. Migliaia di fiocchi di neve si staccavano dal cielo e componevano forme strane. Un fiocco di neve più grande degli altri attirò la sua attenzione. Turbinava veloce, si allungava e si allargava, roteava e si univa ad altri fiocchi fino a che si tramutò in una forma con braccia e gambe, testa e occhi, qualcosa di umano fatto di neve e di vento.

Kay sentì i capelli che gli si drizzavano sulla testa mentre il fiocco si posava sul davanzale e lo fissava con grandi occhi grigi, perché altro non era che una donna bellissima, con il viso freddo e affilato, avvolta in un mantello di cristalli di ghiaccio che brillavano come stelle.

«Non può essere che la Regina delle nevi!» pensò Kay, mentre il cuore gli batteva forte.

Si sussurravano molte storie sulla Regina delle nevi, ma Kay aveva sempre pensato che fossero solo fantasie.

– Kay... – mormorò la regina, le labbra pallide schiacciate contro la finestra.

Le tre lettere del nome si stamparono sul vetro e diventarono di ghiaccio.

Kay non aprì bocca. La regina misteriosa attese qualche istante e poi volò via, inghiottita dall'oscurità più profonda.

Kay non raccontò a Gerda della Regina delle nevi, perché alla luce del sole gli sembrò di aver sognato. Per giorni e settimane quel ricordo gli rovistò nel cuore, poi a poco a poco sbiadì e Kay smise di pensarci.

Con l'arrivo dell'estate, i due amici ripresero a incontrarsi sotto i cespugli di rose.

Un pomeriggio stavano giocando a palla e Kay aveva appena spiccato un salto, quando si piegò in due con un gemito di dolore.

– Ahi! – strillò. – Ho sentito una fitta qui – e indicò il cuore. – E un'altra qui – e si stropicciò l'occhio.

– Fammi vedere – disse Gerda, prendendo tra le mani il viso dell'amico. Sotto le dita sentì la sua pelle fredda come l'inverno e si stupì, ma non disse nulla. Gli sollevò la palpebra e controllò l'occhio. – Stai tranquillo! È pulito. Sarà stato un granello di polvere.

Non era polvere, ma Gerda non poteva saperlo. Erano due schegge dello specchio magico che, volando per il mondo, si erano conficcate nel corpo dell'amico.

Kay la fissò con un lampo cattivo negli occhi chiari.

– Cosa ne vuoi sapere, tu… – mormorò. Poi le diede una spinta e corse via.

Da quel giorno Kay diventò sempre più scontroso.

– Vattene! – gridava all'amica. – Non hai capito che non voglio più giocare con te?

Gerda non sapeva cosa pensare. Quello non era Kay, non lo riconosceva più. Erano cresciuti insieme e si erano voluti bene come fratelli, e ora lui non voleva più vederla. Gerda si sentiva smarrita, ma non provava rancore. Sperava che l'amico prima o poi sarebbe tornato da lei.

Venne l'inverno e le vie della città si coprirono di neve. Kay si lanciava con lo slittino per le strade in discesa gridando di gioia, le guance rosse e il fiato corto.

Un giorno, mentre stava attraversando la piazza principale a tutta velocità, andò a sbattere contro una slitta che sembrava fatta di ghiaccio. I passanti la sbirciavano incuriositi, perché la guidava una misteriosa signora avvolta in una pelliccia bianca.

Quando vide Kay, la donna gli rivolse un cenno di saluto.

Kay sentì muoversi qualcosa all'altezza del cuore, ma questa volta non provò alcun dolore. La sua slitta si era agganciata a quella della sconosciuta e partì a folle velocità attraverso la pianura innevata. Kay aveva paura e voleva chiedere aiuto, ma la scheggia gli si era infilata in fondo al cuore, dove non ci sono né voce né speranza. Quando si fermarono era troppo tardi per tornare indietro.

– Sono io, Kay, non mi riconosci? – gli chiese una voce pura come il ghiaccio.

La sconosciuta lasciò scivolare il cappuccio sulle spalle e Kay incrociò lo sguardo gelido della Regina delle nevi.

Senza aspettare risposta, la donna gli diede un bacio sulla fronte e Kay dimenticò tutto. Quel bacio aveva cancellato la sua vita passata, Gerda e le amatissime rose. Così, lasciandosi alle spalle ogni memoria, il bambino si addormentò tra le braccia della Regina delle nevi, mentre la slitta sfrecciava verso i Territori dell'Inverno.

Gerda cercò Kay per settimane, in ogni angolo della città. Nel suo cuore sentiva che l'amico era vivo, ma in pericolo. Un giorno, decise di mettersi in viaggio. Avrebbe attraversato il mondo intero, se necessario, ma non sarebbe tornata a casa senza di lui.

Così andò al fiume e salì su una barchetta. Non sapeva dove andare, ma da qualche parte doveva pur cominciare.

«Kay mi guiderà» pensava.

La barca scivolava sul fiume mentre gli uccellini salutavano Gerda con i loro cinguettii. La bambina si sentiva libera e felice, perché viaggiare la faceva star bene.

Al tramonto si fermò davanti a una casetta che sorgeva sulla sponda del fiume. Ci viveva una vecchia che, quando vide arrivare Gerda, pensò: «Ma guarda che bambina graziosa! Mi farà compagnia. Finalmente non sarò più sola».

Così le si fece incontro sorridendo.

– Tra poco sarà buio – le disse. – Ti ospiterò per la notte e divideremo la cena. Intanto mi dirai cosa ti ha portato fin qui.

Gerda raccontò la sua storia; mentre parlava, l'anziana signora le districava i capelli con un pettine d'oro.

Gerda non sapeva che la sua ospite fosse una maga. Però, più la pettinava, più Gerda dimenticava il motivo per cui si era messa in viaggio.

«Rimarrai con me per sempre, dolce Gerda» pensava intanto la vecchia. «Quel tuo amico non ti merita.»

Gerda passò molto tempo nella casetta sul fiume. Ogni tanto ricordava che doveva fare qualcosa, un nome le frullava nella testa, ma poi spariva. Erano ombre di ricordi che la magia della vecchia teneva lontani.

Fu quando nel giardino iniziarono a sbocciare i primi cespugli di fiori e il vento le portò il profumo della rosa preferita di Kay che all'improvviso Gerda ricordò tutto.

– Quanti giorni perduti! – si disperò. – Devo rimettermi subito in cammino!

Colse una rosa e la portò con sé.

Nella foresta gli alberi erano alti e l'aria piena di ombre e fruscii.

– *Cra cra*! Dove vai, bella bambina? – le chiese un corvo. – Cosa ti ha portato qui, nella foresta?

Gerda si confidò con lui e chiese se per caso avesse visto l'amico.

– La principessa di questo regno, – le rispose il

corvo – si è innamorata di un giovane che veniva da lontano e che corrisponde alla descrizione del tuo amico!

– Non c'è un altro come lui! Non può essere che Kay – esultò Gerda. – Voglio solo assicurarmi che stia bene.

Quella stessa notte, con l'aiuto della cornacchia di corte che era la fidanzata del corvo, Gerda riuscì a entrare nella reggia.

Quando arrivò nella stanza degli sposi, si avvicinò al letto e con il cuore in gola illuminò il viso del giovane che dormiva abbracciato alla principessa.

– Oh, no! – strillò Gerda, accorgendosi che non era il suo amico.

I due giovani si svegliarono e, impietositi dal racconto della bambina, ordinarono ai servi di darle una carrozza, cibo per il viaggio e abiti caldi per l'inverno che stava arrivando.

– Addio! – la salutò il principe. – Ti auguro di ritrovare il tuo amico.

– Buona fortuna, piccola! – la abbracciò la principessa, che capiva bene il sentimento che spingeva Gerda a cercare il suo Kay per il mondo.

Gerda salì sulla carrozza e partì, accompagnata dal corvo e dalle raccomandazioni dei due sposi.

La carrozza era tutta d'oro e non passava certo inosservata. Al guado di un fiume fu assalita dai briganti, che uccisero i valletti e lasciarono Gerda viva solo per potersela poi mangiare con comodo. La legarono come un salame e la portarono con loro.

Il rifugio dei briganti era un luogo tetro e diroccato. Macerie di case distrutte, ossa spolpate e grovigli di serpenti. Nel cortile era acceso un fuoco intorno al quale chi era sopravvissuto alla giornata cantava e beveva. Grossi cani neri ringhiavano a chiunque si avvicinasse.

Gerda era convinta che quella notte sarebbe stata l'ultima e il suo pensiero andò come sempre a Kay. Anche in quel momento terribile si disperava soprattutto all'idea di non poterlo più rivedere.

– La ragazzina è mia! – gridò all'improvviso una vocetta squillante che zittì i briganti affollati intorno a Gerda. – Sarà la mia schiava.

Chi aveva parlato, anzi ordinato, era la figlia del capo dei briganti, che aveva più o meno l'età di Gerda. Nessuno osò ribattere, perché la bambina brandiva un coltellaccio e aveva l'aria di saperlo usare.

– Non fare quella faccia – disse a Gerda mentre la spingeva verso un angolo del cortile. – Se non fosse per me, saresti già infilzata in uno spiedo. Piuttosto, dimmi perché stavi attraversando la foresta su una carrozza d'oro con un corvo come scorta. Così capirò se davvero sei stupida come sembri.

Gerda raccontò del suo viaggio e di Kay. Una renna, che aveva sentito tutta la storia, le disse: – Io l'ho visto, il tuo amico. Filava trasportato dal vento nella slitta della Regina delle nevi. Scommetto che erano diretti alla sua reggia, che si trova nei Territori dell'Inverno.

Gerda supplicò la figlia del brigante di lasciarla andare e promise che, trovato l'amico, sarebbe tornata a farle da schiava.

«Questa è così sciocca che è capace di farlo» pensò la figlia del brigante. E sentì qualcosa muoversi in fondo allo stomaco. Non poteva aver di nuovo fame, perché quella sera aveva mangiato quattro polli. Eppure sentiva un vuoto proprio dove, fino a un attimo prima, era piena.

– Ti faccio andare dal tuo Kay – disse spazientita. – E lascio libera anche la renna, così ti potrà accompagnare. Da sola non arriveresti da nessuna parte. Ma sei talmente allocca che ci proveresti.

Gerda l'abbracciò forte.

– Ci rivedremo! – le promise. – Ti penserò!

– Lasciami – si divincolò la figlia del brigante. – Odio queste smancerie. E non farti più vedere. Fila, prima che cambi idea.

Quando Gerda scomparve nel buio della notte, in groppa alla renna, la figlia del brigante si mise a dormire. O almeno ci provò, perché si rigirava e non riusciva a prendere sonno.

– Quella ragazzina mi ha fatto una magia – ripeteva.

Accese la candela e si accorse che tra le coperte c'era la rosa che Gerda le aveva lasciato.

Sfiorò i petali e li sentì caldi e vivi.

– Questa la mangerò domani – mormorò, senza crederci davvero.

E per non farsi prendere in giro dai briganti, nascose il fiore sotto il materasso.

Gerda era di nuovo in viaggio, ma questa volta in groppa a una renna, e non c'è come un viaggio per diventare amici. Insieme attraversarono mari e foreste, puntando sempre più a nord. Il freddo cresceva e la neve fioccava coprendo ogni cosa.

Quando arrivarono in Lapponia, la renna si fermò davanti a una casupola sprofondata nella neve.

La donna che l'abitava stava arrostendo un pesce sul fuoco e lo divise con Gerda mentre la bambina raccontava la sua storia.

– Purtroppo dovete fare ancora molta strada, perché il palazzo della Regina delle nevi è in Finlandia – spiegò la donna. – È lì che va ogni sera per accendere l'aurora boreale.

Poi prese un pesce secco e vi scrisse sopra un messaggio.

– Non perderlo, bambina, – si raccomandò a Gerda – e consegnalo alla donna di Finlandia.

Fuori infuriava la tormenta, ma Gerda non esitò.

Si strinse al corpo caldo della renna che l'attimo dopo schizzava via veloce, nel freddo e nel buio, verso l'aurora boreale.

Quando giunsero a casa della donna di Finlandia, Gerda e la renna furono accolte con un bel fuoco caldo. La donna tolse a Gerda i vestiti e gli stivali gelati e li mise ad asciugare. Le diede da mangiare una buona minestra e poi lesse il messaggio scritto sul pesce secco dalla donna della Lapponia.

– Gerda non può affrontare da sola la Regina delle nevi – disse a quel punto la renna. – So che tu conosci la magia, perché non le dai una pozione per farla diventare più forte?

La donna di Finlandia fissò Gerda con i suoi grandi occhi scuri prima di rispondere: – Questa bambina ha dentro di sé tutto il potere che le serve: non ha bisogno della mia magia. Grazie all'amore che ha nel cuore ha potuto attraversare il mondo. È riuscita a farsi aiutare da uomini e animali e persino dalla figlia di un brigante. Ora che è arrivata alla fine del viaggio, sarà il suo grande cuore a suggerirle cosa fare.

Prese Gerda tra le braccia, mentre il fuoco illuminava la casetta come un sole, e disse: – La Regina delle nevi tiene Kay in suo potere, perché il tuo amico ha una scheggia di vetro infilzata nel cuore e un'altra nell'occhio. Lui pensa di essere nel posto più bello del mondo, crede di essere libero e felice, invece è prigioniero, ma non se ne rende conto. Per spezzare l'incantesimo, piccola Gerda, dovrai togliergli dal cuore e dall'occhio le due schegge di vetro.

Poi si rivolse alla renna: – Accompagnala a poche miglia da qui, fino a un grande cespuglio di bacche rosse. Poi lasciala da sola. La bambina saprà cosa fare.

Di nuovo Gerda affrontò il buio e il freddo della notte artica. Era stanca e intirizzita, ma sentiva che Kay era sempre più vicino e la sua volontà di salvarlo cresceva a ogni passo. Si sarebbero scaldati insieme, pensava.

Quando raggiunsero un cespuglio di bacche solitario in mezzo alla tormenta, la renna salutò Gerda e le fece mille raccomandazioni.

Guardò la bambina che si incamminava nella neve, piccola e vulnerabile, e lasciarla proprio ora le sembrò un tradimento, ma non poteva fare altro. Gerda doveva cavarsela da sola. A malincuore la salutò e tornò da dove era venuta.

La bambina procedeva a testa alta quando vide all'orizzonte una tempesta di neve che le veniva incontro ululando. I fiocchi non cadevano dal cielo, ma salivano dal terreno; man mano che si avvicinavano, prendevano le forme di serpenti, di orsi polari dalle lunghe zanne e di giganteschi porcospini con aculei affilati come coltelli. Erano fiocchi guerrieri: l'esercito della Regina delle nevi che proteggeva il suo palazzo.

Ma Gerda non era arrivata fin lì per piangere o scappare. Non aveva una spada, ma la sua volontà era di ferro. Iniziò a pregare. Pregava e pregava, e dal cielo scesero gli angeli custodi armati di tutto punto che incrociarono le armi con i soldati della regina.

E mentre la battaglia infuriava, Gerda si affrettò verso il castello.

La reggia della regina aveva pareti di turbini di neve e finestre di venti taglienti. C'erano più di cento sale illuminate dalle aurore boreali che spandevano ovunque una luce spettrale. Tutto era freddo e morte. Non si udivano voci, nessun movimento o il calore di un altro essere umano. Solo ghiaccio e solitudine.

Al centro di una stanza, tutto solo, c'era Kay. Era impietrito dal freddo, le labbra blu, i bei capelli dritti in testa per il gelo.

Circondato da tanti cubetti di ghiaccio, componeva figure complicate, parole sussurrate dai venti o ripescate nella memoria, ma senza riuscire a mettere insieme l'unica parola che avrebbe potuto dargli la libertà: ETERNITÀ.

«Se riuscirai a comporre quella parola,» gli aveva assicurato la Regina delle nevi «tornerai libero».

– Kay! Kay! – lo chiamò Gerda e gli volò tra le braccia.

Ma Kay non poteva riconoscerla e rimase zitto e distante, gli occhi fissi sui cubetti di ghiaccio.

Allora Gerda gli prese le mani tra le sue e cercò di scaldargliele. – Ti ricordi di questo? – diceva. – Ti ricordi di quello?

Quando si rese conto che l'amico era davanti a lei, ma più lontano di quanto fosse mai stato, una lacrima le rigò la guancia e cadde sulle mani di Kay. Quel tocco intiepidì il cuore di ghiaccio dell'amico, le schegge si sciolsero e Kay finalmente riconobbe la sua amica. Sentì come se il calore del sole gli scoppiasse nel petto e lo illuminasse tutto, scacciando il freddo mortale che si era impadronito di lui.

– Gerda, Gerda, sei qui! – gridò felice, abbracciandola.

Pianse di gioia e la scheggia che aveva nell'occhio cadde sul pavimento, liberandolo dal maleficio.

Kay si ricordò della città, della casa, delle rose e della sua famiglia e, ora che era di nuovo insieme a Gerda, sapeva che sarebbe tornato libero e che nessuno li avrebbe più separati. E mentre si abbracciavano e si raccontavano di quel lungo periodo divisi, i cubetti di ghiaccio scivolarono da soli al loro posto e formarono la parola: ETERNITÀ.

Fu a quel punto che si udì uno schianto e le pareti del castello si spalancarono come la superficie di un torrente ghiacciato in primavera. I due amici ne uscirono correndo.

Gerda e Kay fecero il lungo viaggio a ritroso e, quando giunsero a casa, si precipitarono fra le braccia dei genitori e ci furono racconti lunghi come i crepuscoli d'estate, storie tristi e allegre, perché la vita è così.

Quando poi rimasero soli, Gerda e Kay si guardarono intorno incuriositi. Le case all'apparenza sembravano uguali, come se il tempo non fosse passato, ma non era così. C'era qualcosa di diverso che non riuscivano a definire. Fu quando passarono davanti a uno specchio che finalmente compresero: erano loro due a essere cambiati.

Non erano più bambini, erano diventati un ragazzo e una ragazza.

Si sedettero sulle sedie di quando erano piccoli e si guardarono con occhi nuovi. Erano gli stessi, ma diversi.

Il viaggio si era compiuto, una buona giornata era finita.

– Dobbiamo potare le rose – disse Kay.

E Gerda rispose di sì.

BABA JAGA

leggenda del folklore slavo

Misha viveva con il padre e la matrigna in una casetta ai confini di una foresta così fitta e tenebrosa che nessuno aveva mai osato attraversarla. Si diceva che gli alberi arrivassero fino al confine delle terre occidentali, sprofondassero negli abissi del mare e risalissero sull'altro continente bagnati di acqua salata e con i pesci che guizzavano tra i rami.

Una volta Misha si era avventurata per uno dei sentieri, ma dopo pochi passi si era fermata con il cuore che le batteva forte: sentiva mille occhi che la fissavano, ovunque si alzavano gemiti e fruscii. Aveva fatto dietrofront ed era tornata a casa di corsa, senza raccontare a nessuno la sua avventura.

Misha era obbediente e lavorava sodo, ma non

aveva una vita facile, perché la matrigna non la sopportava e ogni giorno erano rimproveri e botte.

Quando suo padre si allontanò per un viaggio di lavoro, la matrigna escogitò un piano per liberarsi una volta per tutte della ragazzina.

– Vai da mia sorella a chiederle ago e filo – le ordinò, cercando di addolcire la voce. – Quando tornerai ti cucirò una bella camicetta.

La sorella della matrigna era Baba Jaga, la strega che viveva nel cuore della foresta. Misha provò una paura terribile all'idea di incontrarla, ma non aveva scelta. Così disse di sì, che avrebbe riportato l'ago e il filo, e quando la matrigna se ne andò, deviò attraverso i campi e raggiunse la casa della sua vera zia per chiederle consiglio.

– Ciao, zietta bella! – esclamò Misha e le si gettò tra le braccia. La zia era dolce e aveva un buon profumo che le ricordava la mamma. – La matrigna vuole che vada da sua sorella a prendere ago e filo. Ma sua sorella è la strega Baba Jaga, di sicuro mi mangerà. Cosa posso fare?

La zia la abbracciò e le baciò i riccioli rossi, ci pensò su e poi rispose: – Tutti parlano di questa

Baba Jaga, ma nessuno l'ha mai vista. C'è sempre una strega nella foresta che fa paura agli sciocchi, ma tu sciocca non sei. Vai con il cuore aperto dove ti ha indicato la matrigna e vedrai che non ti succederà nulla.

– Dicono che Baba Jaga viva in una casa che si muove sopra delle zampe di gallina e che al posto del tetto ci siano i pipistrelli. Forse un cuore aperto non basterà.

– Dicono anche che gli alci volano e che gli orsi cantano l'inno nazionale – la prese in giro la zia.

Ma Misha era preoccupata.

– Raccontami bene cosa dice la leggenda, zia! Così sarò preparata al peggio!

La zia scodellò la minestra calda con i funghi e le patate che piaceva tanto a Misha e iniziò a raccontare.

– Quando sarai da Baba Jaga e una betulla ti sferzerà il viso, tu legala con un nastro e non ti darà più fastidio – recitò la zia, perché questa storia se la raccontavano le donne del paese, di madre in figlia da mille generazioni. – Quando la porta

scricchiolerà, metti un po' d'olio sui cardini, se i cani cercheranno di azzannarti dai loro del pane e, per il gatto che vorrà graffiarti, porta un pezzetto di prosciutto.

«Allora qualche speranza di spuntarla c'è» pensò Misha.

Divorò la minestra e poi mise nello zaino tutto quello che la zia le aveva detto.

– Non si sa mai – borbottò, perché la zia continuava a prenderla in giro.

Si sollevò sulle punte dei piedi, la baciò sul naso e si incamminò di buon passo sicura che, con il bottino che portava in spalla e i consigli ricevuti, avrebbe portato a termine il suo compito.

Mentre Misha camminava nella foresta, si alzò un forte vento, il cielo si chiazzò di nuvoloni scuri e il sole sparì. Piombò un buio che proprio buio non era, ma un grigiore illuminato da chiazze di luce e scintillii strani che provenivano da qualche parte nel folto degli alberi.

Misha, che non sapeva da che parte andare, li seguì speranzosa. Intanto piovevano aghi d'acqua sottilissimi che le attraversavano il cappotto e i vestiti e in un attimo si sentì bagnata fradicia e infreddolita. I luccichii però si avvicinavano e Misha si rincuorò: probabilmente erano le luci della casa di Baba Jaga e finalmente avrebbe avuto un tetto sulla testa, anche se fatto di pipistrelli, per ripararsi da quella pioggia insistente. A ogni passo i suoi stivaletti sprofondavano nel fango e lei faceva sempre più fatica a camminare.

Infine, stremata dalla fatica e dal freddo, scostò i rami di un cespuglio su cui crescevano degli strani fiori rossi e si trovò davanti una radura.

– Cosa sei venuta a fare qui? – le domandò uno di quei fiori, che a ben guardare erano bocche.

– Sto cercando Baba Jaga – rispose Misha. – Sua sorella, che è la mia matrigna, mi ha mandato da lei a prendere ago e filo.

Le bocche del cespuglio si misero a ridere tutte insieme, una risata da mettere i brividi.

– Sei arrivata, allora. Vedi quella casa? Lì abita Baba Jaga.

Misha ringraziò e le bocche ridiventarono fiori e ammutolirono.

La casa di Baba Jaga aveva davvero il tetto fatto di pipistrelli che sbattevano le ali e la spostavano avanti e indietro per la radura, mentre al posto delle fondamenta aveva due zampe di gallina che saltellavano di qui e di là. Insomma, la casa non stava mai ferma e Misha pensò che sarebbe stato ben difficile centrare la porta di entrata che si spostava di continuo.

Alzò gli occhi e vide che lo scintillio che l'aveva attirata fin lì altro non erano che gli occhi illuminati dalle lucciole di migliaia di teschi grandi e piccoli; teschi di uomini, donne e bambini; teschi di animali, di pesci e persino teschi di rettili e di insetti. Dondolavano appesi a un filo intorno alla casa e la illuminavano notte e giorno.

Misha non si impressionò. Di teschi ne aveva già visti e non facevano del male a nessuno.

Stava per chiamare la strega, quando la casa si fermò di botto. Le zampe di gallina si artigliarono al terreno e le mura, fatte di ossa incastrate una nell'altra, si bloccarono con grandi scricchiolii.

La porta si spalancò e apparve Baba Jaga.

Misha si fece coraggio e quando Baba Jaga le venne incontro, la salutò con voce allegra: – Ciao, cara zietta! Come stai? Tua sorella mi ha detto di chiederti ago e filo per cucire una camicia!

– Ma certo, nipotina adorata! – le sorrideva Baba Jaga, che aveva un solo dente in bocca, pochi capelli in testa e molti peli sul naso. – Te li presterò volentieri. Intanto siediti nella stanza della tessitura e inizia a tessere.

Misha fece per entrare in casa, ma le zampe di gallina si spostarono e finì a gambe all'aria sul prato.

Baba Jaga e la casa iniziarono a ridere a crepapelle. Porte e finestre si aprivano e chiudevano e ne usciva uno scroscio di risate più rumoroso di una cascata.

Misha si massaggiò il sedere e guardò la strega con aria seccata.

– Se vuoi che tessa, devi lasciarmi entrare in casa. Se mi faccio male, non potrò esserti utile in nessun modo.

Baba Jaga rideva così forte che l'unico dente le si staccò dalla gengiva e schizzò in aria. Un pipistrello

lo afferrò al volo e glielo riportò con una riverenza.

– Grazie, tesoruccio della mamma! – disse Baba Jaga rimettendo il dente al suo posto.

Misha approfittò di quel momento di distrazione e si precipitò dentro casa. Le stanze si muovevano da far girare la testa, le pareti si stringevano e si allargavano, ma dopo un po' Misha si abituò a tutto quell'ondeggiare, trovò la stanza della tessitura e si sedette al telaio.

A quel punto la casa si fermò e iniziò a becchettare il mangime che le dava la strega.

Misha tesseva e la strega la teneva d'occhio da lontano, pregustando le carni rosa e tenere della nipote.

– Vai a scaldare l'acqua per lavarla, ma lavala bene, dai piedi alla testa, perché voglio mangiarla a colazione – ordinò Baba Jaga alla domestica, che salì ai piani superiori per preparare il bagno.

Misha, che aveva sentito tutto, attese che la strega si allontanasse e andò dalla domestica.

– Lo so che devi obbedire ai suoi ordini, – le disse, mentre la ragazza la guardava spaventata

– altrimenti lei mangerà te come vuole fare con me. Ma ti prego, metti poca legna sul fuoco e tanta acqua nella pentola, così si scalderà lentamente e nel frattempo io potrò fuggire.

Detto questo, mise una mano nella tasca del grembiule e le porse un fazzoletto ricamato con delle iniziali al centro.

– Te lo regalo, è il fazzoletto della mia mamma, l'unica cosa che mi è rimasta di lei.

La donna, che non aveva mai ricevuto un dono né una parola gentile, prese il fazzoletto e si asciugò una lacrima di commozione.

– Lo terrò con cura. Grazie, piccola Misha.

Poi la abbracciò, augurandole di arrivare a casa sana e salva.

Misha si accorse che un grosso gatto dal pelo rosso la seguiva ovunque e gli allungò un pezzo di prosciutto.

– Come faccio ad andarmene da qui? – gli chiese, accarezzandolo.

Il gatto apprezzò le carezze più del prosciutto e le disse: – Prendi questo tovagliolo e questo pettinino e fuggi attraverso la foresta più veloce che

puoi. Quando sentirai arrivare Baba Jaga, lascia cadere il tovagliolo.

Misha ringraziò il gatto e gli chiese se voleva scappare con lei, ma il gatto preferì rimanere, perché quella casa che si reggeva su zampe di gallina, anche se era brutta, era pur sempre la sua casa.

Baba Jaga stava facendo risuonare i teschi appesi con un bastoncino e intanto cantava a squarciagola una canzone. Era così stonata che i pipistrelli sbattevano le ali tutti insieme e trascinavano la casa di qui e di là pur di allontanarsi e non sentirla più.

Misha oliò i cardini della porta che cigolavano, ma appena mise un piede a terra, due grossi mastini neri le si avventarono contro per azzannarla. Misha gettò loro il pane che le aveva dato la zia e ci aggiunse anche un po' di prosciutto. I due mastini si fermarono di botto e iniziarono a divorare quel buon pranzetto inaspettato.

Passo dopo passo, mentre la strega le voltava le spalle e cantava a squarciagola, Baba Jaga legò con gentilezza i rami della betulla che le impedivano di passare e si inoltrò nella foresta.

Mentre Misha correva come non aveva mai corso in vita sua, Baba Jaga andò alla finestra della camera dove credeva che la nipote stesse tessendo.

– Tessi, nipotina cara, tessi? – chiese.

E il gatto rispose: – Certo, zietta, tesso...

Ma la voce era quella di un gatto e Baba Jaga se ne accorse.

Piombò nella stanza come un fulmine e quando vide che la nipote era fuggita, avrebbe voluto strangolare il gatto con le sue stesse mani e poi mangiarselo senza aspettare di cuocerlo.

– Come hai potuto tradirmi? – gridava da far paura. – Perché non l'hai graffiata, come ti avevo ordinato?

– Da quando sono al tuo servizio non mi hai dato neppure un ossicino! – protestò il gatto. – E lei, che neppure mi conosceva, mi ha dato un bel pezzetto di prosciutto. E mi ha fatto una carezza – aggiunse a bassa voce, perché tanto Baba Jaga non avrebbe capito.

Baba Jaga picchiò la domestica e i cani, frustò i rami di betulla e prese a calci il gatto, anche se tutti cercavano di spiegarle che quella bambina

aveva donato loro qualcosa, mentre lei, in tutti quegli anni, per loro non aveva fatto nulla.

– Me la caverò senza di voi! – gridò infine Baba Jaga. – Troverò quella ragazzina e me la mangerò al volo, come se fosse un piccione!

Entrò nel mortaio che usava come carrozza volante, impugnò il pestello che serviva da timone, arraffò la scopa da cui non si separava mai e si lanciò all'inseguimento della nipote.

– Non può che essere andata di qua! – urlò trionfante.

Il tappeto di neve del sentiero infatti era disseminato delle piccole orme della bambina...

Misha era sicura di essere in salvo, quando sentì il fischio della scopa di Baba Jaga. Gli alberi si piegavano al suo passaggio e la strega tagliava in due l'aria a una velocità inimmaginabile.

Misha mantenne il sangue freddo, attese che Baba Jaga fosse vicina e fece come le aveva detto il gatto. Lasciò cadere il fazzoletto a terra e in mezzo al sentiero scaturì una colonna d'acqua che diventò un fiume scuro e tumultuoso. Ora quel fiume divideva

Misha dalla strega e Baba Jaga non poteva superarlo in volo, perché la sua scopa aveva paura dell’acqua.

Baba Jaga digrignò i denti e si arrabbiò e prese a calci il mortaio e il pestello, ma visto che non serviva a niente, tornò a casa, prese i buoi dal recinto e tornò al fiume.

I buoi della strega non bevevano da quando erano nati, perché lei non dava niente per niente. Quando videro il fiume ci si buttarono dentro fino ai fianchi e muggendo di gioia iniziarono a bere e non si fermarono fino a che il fiume fu prosciugato. Quando rimase solo un misero rivoletto, la strega montò sulla scopa e si lanciò gridando all’inseguimento della nipote.

Misha però aveva ancora il pettinino che le aveva dato il gatto. Quando sentì alle spalle l’alito fetido di Baba Jaga, lanciò il pettinino a terra e subito una foresta fittissima si sollevò davanti alla strega. Baba Jaga ci andò a sbattere contro. La scopa si spezzò in due e le cadde l’unico dente nell’intrico dei rami. Allora iniziò a sbraitare e minacciare tutti gli animali della foresta, gridava che li avrebbe cucinati uno a uno e poi li avrebbe

divorati tutti insieme se non le avessero dato una mano a trovare il suo prezioso dente.

Uno scoiattolino dall'aria dolce e timida le si avvicinò tremando: sulla coda teneva in bilico il dentone giallastro di Baba Jaga.

Lei lanciò uno strillo di trionfo, afferrò il dente e si mise a rosicchiare il tronco degli alberi per cercare di aprirsi un varco nella foresta.

Ma era un'impresa impossibile anche per lei, che

non si arrendeva mai. Appena finiva di rosicchiare un albero, un altro ne cresceva al suo fianco.

Alla fine Baba Jaga se ne tornò sui suoi passi con il dente scheggiato e lo stomaco vuoto.

Misha nel frattempo era finalmente arrivata a casa.

– Padre! Padre! – gridò vedendo la carrozza ferma davanti alla porta.

Il padre le andò incontro e la strinse forte.

– Piccola mia! Ma dove eri sparita? Sono stato così in pena!

Misha gli raccontò tutta la storia.

– La matrigna mi ha mandato dalla zia a prendere ago e filo, ma in realtà la zia era Baba Jaga e voleva mangiarmi...

Il padre si infuriò e tremò di paura pensando che avrebbe potuto perdere la sua unica figlia. Ma era anche fiero di come se l'era cavata, così fiero che non smetteva di abbracciarla e di lodarla.

– Sei stata brava! – le ripeteva. – Bravissima!

Le preparò la cena e poi andò dalla moglie.

– Sparisci! – ringhiò. – Vai da tua sorella e non farti più vedere o ti uccido!

Prese il suo vecchio fucile e iniziò a sparare in aria e tutti gli uccelli volavano via dai rami e anche le farfalle fuggivano spaventate, ma quella gran confusione durò poco, perché la matrigna se la diede a gambe e sparì per sempre nella foresta.

Nella casetta tornò la calma e Misha e suo padre, finalmente soli e tranquilli, si sedettero abbracciati davanti al fuoco a cantare la loro canzone preferita:

Il buio è arrivato
Lo annego nel Moscato

Le stelle van di notte
Ma han le scarpe rotte

Felici di cantare
Ora possiam sognare

Staremo sempre insieme
E guai alla moglie che viene.

Nevina e Fiordaprile

Guido Gozzano

Nevina era figlia di Gennaio, il re delle nevi e dei ghiacci eterni. Viveva tutta sola con il padre, lassù nell'Estremo Nord, dove il sole non si fa mai vedere e il freddo è così intenso che neppure gli orsi bianchi osano avvicinarsi.

Gennaio aveva inventato la neve e la fabbricava di continuo, immerso fino alla vita nella sua creazione, la lunga barba bianca che si confondeva con il candore circostante. Non si curava troppo della figlia, perché il suo lavoro lo assorbiva completamente e le aveva assegnato un compito meno importante: raccogliere i fiocchi di neve in un cesto e poi svuotarlo ai quattro angoli della terra.

Ma Nevina non si accontentava, voleva fare di più. E una notte, mentre osservava il cielo stellato che palpitava sopra di lei, le venne un'ispirazione.

Prese un fiocco di neve e iniziò a dargli la forma di una stella. Il fiocco si trasformò nelle sue mani in qualcosa che non si era mai visto, Nevina ne prese un altro e poi un altro ancora e iniziò a modellare i fiocchi a uno a uno, in migliaia di forme, ispirandosi agli astri e alle costellazioni, così che ogni fiocco conteneva una storia, che poi era quella che si era inventata Nevina.

– Muoviti! Non perdere tempo! – la rimproverava il padre. – L'inverno sta arrivando!

Nevina muoveva in fretta le sue manine candide, raccoglieva sul capo i capelli color della luna e, pallida e intenta, distribuiva i fiocchi ai quattro angoli della terra.

I bambini si erano accorti che i fiocchi che cadevano dal cielo erano diversi, che adesso avevano forme e storie, ed erano felici quando nevicava, facevano salti per acchiapparli, tenerli in bilico sul naso o assaggiarne il sapore segreto sulla punta della lingua.

Nevina cresceva e si sentiva sola. Non aveva amici con cui giocare e non conosceva il suono di altre voci o il calore di un sorriso. Quando il padre

andava a dormire, passava ore a fissare la desolata distesa di ghiacci che si allungava fino all'orizzonte.

«Chissà cosa c'è oltre le montagne innevate...» si diceva. «Come mi piacerebbe scoprirlo!»

Un giorno, mentre Nevina stava dando a un fiocco di neve la forma della luna, atterrò ai suoi piedi una rondine ferita.

Nevina la portò a palazzo, la curò e la nutrì fino a che non fu in grado di riprendere il volo. In cambio la rondine le raccontò tutte le meraviglie che c'erano al di là dei ghiacci eterni, verso sud, dove lei stessa era diretta. Le disse che esisteva una distesa immensa, azzurra e viva, che si chiamava mare; che nel cielo azzurro brillava il sole e che esistevano piante e fiori che frusciavano al vento. Nevina ascoltava incantata e non smetteva mai di fare domande. Quando la sua amica rondine ripartì, Nevina si sentì più sola che mai. Quel racconto le era entrato nel cuore e l'aveva scaldato e ora lei non faceva che pensarci.

Esisteva un mondo diverso, dunque, da quello in cui lei viveva. Un mondo dove la vita non era solo gelo e neve, ma colori, suoni e profumi!

– Oh, se potessi andarmene da qui, anche solo per poco... – sospirava. – Come vorrei vedere un panorama diverso, viaggiare, esplorare. Chissà quante forme nuove potrei disegnare nei fiocchi di neve!

E così una notte, mentre suo padre dormiva, Nevina prese il cestino, lo riempì di fiocchi di neve e uscì da palazzo senza guardarsi indietro.

Si lasciò alle spalle gelo e neve, mentre l'aria si faceva più tiepida. Al posto del ghiaccio spuntò una bassa erba secca che le scricchiolava sotto i piedi, poi l'erba diventò verde e all'orizzonte apparvero le prime foreste. Nevina non aveva mai visto un albero e all'inizio si spaventò, ma quando si accorse che decine di uccelli si rincorrevano cantando tra i rami, pensò che forse avrebbe trovato la sua amica rondine e si fece coraggio.

Attraversò un bosco di abeti e il profumo era così intenso da farle girare la testa. Lei cercava di afferrarlo, quel profumo, come se fosse una cosa viva. Avrebbe voluto portarlo con sé, metterlo nel cestino, per poi nasconderlo in ogni fiocco di neve. Che meraviglia sarebbe stato, un fiocco al sapore di resina!

I folletti del bosco che la vedevano passare,

diafana e trasparente, si sedevano cavalcioni sui rami degli alberi e la chiamavano.

– Nevina! Dove vai così di fretta? – le chiedevano. – Resta con noi!

E cercavano di trattenerla, tirandole il vestito e i capelli, ma Nevina li salutava gentile e proseguiva per la sua strada. Ogni tanto lanciava nell'aria i fiocchi di neve che aveva nel cestino per mantenere intorno a sé il freddo a cui era abituata.

Attraversato il bosco, in mezzo ai cinguettii degli uccelli e ai fruscii degli animali, imboccò una strada che si perdeva all'orizzonte. L'aria si scaldava rapidamente, ma Nevina non si preoccupava per quel cambio di clima. Quando le mancava il respiro, per il caldo e la polvere, prendeva un fiocco di neve e lo lanciava in aria. Allora riprendeva a respirare e proseguiva.

Cammina e cammina, Nevina arrivò davanti a una distesa azzurra di cui non si vedeva la fine, come un cielo adagiato sulla terra. Abbagliata, con il fiato corto per la bellezza di quel che vedeva, comprese che quello era il mare di cui le aveva

parlato la rondine. Si fermò a guardarlo mentre si agitava e schiumava davanti ai suoi occhi come se mani invisibili ne agitassero i lembi.

– È ancora più… Molto più bello di quel che immaginavo – mormorò.

Quando venne la notte, Nevina si sdraiò sulla sabbia, che era calda come una coperta, e si addormentò per la prima volta con il suono del mare nelle orecchie. E dopo il silenzio dei ghiacci, quel dolce mormorio le fece fare sogni nuovi e colorati.

Il mattino dopo, Nevina salutò il mare e si rimise in viaggio. Quando arrivò in pianura, non riusciva a credere ai suoi occhi: ovunque la circondavano prati punteggiati da milioni di fiori di tutti i colori. Viole, margherite, rose e giunchiglie spandevano nell'aria il loro intenso profumo. Nevina si fermava a osservarli uno a uno. Una volta tornata a casa, li avrebbe riprodotti nelle forme dei fiocchi di neve. Quante idee da tenere a mente!

Il caldo continuava ad aumentare, ma Nevina non se ne curava. Prendeva dal cesto qualche fiocco di neve e lo gettava nell'aria, che subito si

raffreddava. Lei tornava a respirare, ma i fiori e gli alberi rabbrividivano per quella folata d'inverno arrivata nel cuore della primavera.

Giunta vicino a un paese, un giovane alto e bellissimo, dagli occhi inquieti, le bloccò la strada.

– Chi sei? – le chiese senza staccare lo sguardo dal suo viso.

– Mi chiamo Nevina – rispose lei, mentre il cuore le si scioglieva nel petto. – Sono la figlia di Gennaio. E tu?

– Io sono Fiordaprile. E che ci fai qui, così lontana dalle terre di tuo padre? Meglio che te ne torni a casa, meglio per te e per tutti noi.

– No, ti supplico! Lasciami proseguire. Il mio viaggio è appena iniziato. Vorrei tanto conoscere il mondo, immergermi in quella neve colorata che chiamate fiori e in quel cielo capovolto che chiamate mare. Lasciami restare ancora per poco e poi me ne tornerò a casa.

I due giovani si fissarono negli occhi e la neve si mischiò al sole, il freddo al caldo.

Fiordaprile le tese la mano e disse: – Vieni. Ti mostrerò il mio regno.

Man mano che avanzavano, però, un vento freddo e tagliente li precedeva. Era la presenza di Nevina che, senza volerlo, portava con sé l'inverno.

Arrivarono nella piazza di un paese dove suonava la banda e le persone danzavano allegre.

Nevina non aveva mai sentito la musica, e nemmeno danzato, e volle provare anche quel genere di felicità.

– Fammi ballare! – sussurrò a Fiordaprile.

Il giovane la prese tra le braccia e mentre Nevina ballava e rideva, felice come non era mai stata, un freddo gelido faceva rabbrividire i paesani che si dispersero, brontolando e guardando storto quella strana ragazza, bellissima, certo, ma così pallida e glaciale che metteva a disagio.

Ben presto anche la musica ebbe i brividi e cessò.

I due giovani si ritrovarono a ballare soli in mezzo alla piazza e dovettero andarsene in fretta. Quando arrivarono in cima alla collina e si girarono, videro che le danze erano riprese e il cielo era tornato azzurro e caldo.

– Voglio sposarti! – esclamò Fiordaprile,

cercando di scaldare tra le sue le piccole mani gelide della fanciulla.

– I tuoi sudditi non mi vorranno – rispose Nevina. – Non vedi? Io porto il freddo e la neve.

– Non temere. Impareranno ad amarti e ad apprezzarti per quello che sei.

I due giovani proseguirono il viaggio, ma Nevina si sentiva sempre più stanca e le mancava il fiato.

Cercò un fiocco nel cestino e lanciò un grido.

– Fiordaprile! Non ho più neve!

Sentiva le gambe che si scioglievano e il respiro corto.

– Mi sento morire… Fiordaprile, amore mio, portami al confine – lo supplicò.

Fiordaprile la prese tra le braccia e iniziò a correre disperato, mentre Nevina sembrava svanire, sempre più pallida, sempre più diafana.

– Nevina, non lasciarmi! Nevina… rispondimi! – gridava.

Ma la fanciulla era svenuta e sembrava evaporare sotto la vampa del sole.

Allora Fiordaprile la coprì con il mantello e corse, corse a perdifiato verso nord, fino a che trovò il vento di Tramontana.

– Prendi Nevina! – gridò. – Portala in salvo!

Ma quando sollevò il mantello, Nevina non c'era più.

Dov'era?

Fiordaprile si guardò intorno gridando il suo nome, disperato all'idea di averle potuto nuocere, di non esser riuscito a salvarla, quando all'improvviso, finalmente, la vide!

Il vento di Tramontana l'aveva presa con sé per condurla in salvo dall'altra parte dell'orizzonte.

E lo salutava dolcemente, in piedi sul confine, i capelli che si scioglievano al vento.

– Addio, Fiordaprile – salutò mentre lo fissava con il bel sorriso triste, il cesto colmo di fiocchi di neve stretto al petto.

Il fiocco più bello, quello che avrebbe portato sempre con sé, ora aveva il volto di Fiordaprile.

JACK FROST

E IL NATALE CHE NON C'ERA

leggenda del
folklore anglosassone

Jack Frost detestava essere disturbato mentre lavorava, perché il suo era un mestiere unico al mondo e ci teneva a farlo bene. Infatti lui, il famoso Jack Frost, non era un folletto qualsiasi, ma aveva il compito di colorare le foglie degli alberi per l'arrivo dell'autunno. Quando veniva il momento, si spostava rapidissimo da un bosco all'altro con pennello e tavolozza e dipingeva ogni foglia senza mai sbagliare la tonalità.

Ed era proprio quello a cui si stava dedicando, quando sentì dei passi leggeri alle sue spalle.

– Cosa stai facendo? –. La vocetta acuta del bambino gli perforò il timpano proprio mentre stava dando un tocco dorato alla foglia di un platano. Preso alla sprovvista, Jack Frost lasciò cadere il pennello e la foglia si macchiò.

– Quante volte… – urlò indispettito. – Quante volte ti ho detto che non voglio che mi si disturbi mentre lavoro?

Jack era un folletto piccolo e magro, ma aveva una voce potentissima. La foresta si ammutolì spaventata, ma non il bambino che l'aveva interrotto.

– Scusami, Jack. Era tanto per chiacchierare un po'.

Jack Frost fulminò con un'occhiataccia il ragazzino, che si chiamava Jon.

– Non voglio chiacchierare. Non ho tempo.

Raccolse il pennello e in pochi secondi finì di dipingere le foglie del platano.

– Sembrano d'oro! Sei bravissimo! – esclamò Jon. – Non è che mi impareresti?

– Intanto si dice: *insegneresti*. E poi la risposta è no. No e poi no. Non sono un maestro, odio gli scolari e non ho bisogno di un assistente.

Jack Frost batté le mani e una cornacchia atterrò ai suoi piedi. Con il becco afferrò il folletto per la giacchetta e dopo un breve volo lo depose sulla cima di una quercia.

Jon lo osservava mentre dipingeva le foglie

in alto che, da dove era lui, molto più in basso, sembravano piccolissime.

– Tra poco sarà inverno... – iniziò.

– E allora? Cos'è questo tono lagnoso?

– L'inverno è lungo e non succede mai nulla. Solo ghiaccio, freddo e neve.

– Bella riconoscenza! – sbottò Jack Frost, mentre la cornacchia lo riportava a terra. Pestò i piedi e alcune foglie si staccarono dai rami e ondeggiarono nell'aria. – Voi ragazzini siete degli ingrati, lo dico sempre. Io non mi riposo un istante per far nevicare così voi potete divertirvi ed ecco qui il ringraziamento. Sarà bella l'estate!

Jon non osò contraddire il folletto per dire che sì, è ovvio, l'estate era molto più bella dell'inverno. Il sole, i prati verdi e i bagni in mare... Quale altra stagione poteva competere con l'estate? Però non voleva inimicarsi Jack Frost e rimase zitto.

Jon era un ragazzino fatto a modo suo. Gli piaceva la natura e spesso faceva lunghe passeggiate solitarie nei boschi. Era così che aveva conosciuto Jack Frost e da allora non perdeva occasione per stare un po' con lui. Rimase a guardarlo lavorare

fino a che tutta la foresta fu un trionfo di oro e di rosso.

– Sei un artista... – sospirò. – Io cerco di dipingere come fai tu, ma non ci riesco!

– Ben ti sta! Così impari a voler essere chi non sei – rispose Jack Frost, che aveva un caratteraccio.

Quando scese la notte e Jon era ormai mezzo assiderato per il freddo, Jack Frost salì in groppa al vento e scomparve senza degnarlo di un saluto.

Arrivò l'inverno e Jack Frost passò al suo secondo lavoro: creare la neve e distribuirla sul mondo. In groppa ai turbini della tempesta, seminava brina e ghiaccio sulle abitazioni e nei boschi e intanto rimuginava su quello che gli aveva detto Jon.

L'inverno non era divertente, aveva insinuato? Gliel'avrebbe fatto vedere lui! Pensava che non avesse capito che preferiva l'estate? Non gliel'aveva detto, certo, ma lui i pensieri di Jon li conosceva meglio di qualsiasi altro. Quel ragazzino era limpido come una fonte. Quello che gli passava per la testa, gli si leggeva negli occhi. Così Jack si mise d'impegno per fargli cambiare

idea creando ghirigori di ghiaccio sulle finestre e stalattiti appuntite come spade che luccicavano al sole. Il paesaggio invernale diventò un incanto di ghiaccio e Jack si aspettava che Jon venisse a ringraziarlo.

Il ragazzino invece se ne stava seduto alla finestra guardando il giardino completamente bianco con quell'aria da cane bastonato che irritava tanto Jack Frost.

– E va bene! – esclamò un giorno il folletto. – Non lo faccio perché mi importa di te, ma perché non sopporto che si dica che l'estate è più divertente dell'inverno. Visto che non hai fantasia, ti farò vedere cosa si può fare con la neve. Apri bene gli occhi.

Uscirono in giardino e muovendo le mani come se suonasse uno strumento che vedeva solo lui, Jack Frost sollevò cumuli di neve che si rimescolavano nell'aria e ricadevano a terra in tante forme diverse. Un castello, un treno sulle rotaie, persino un cavallo!

Rosso per lo sforzo, Jack Frost si girò verso Jon, che stava armeggiando in ginocchio sulla neve.

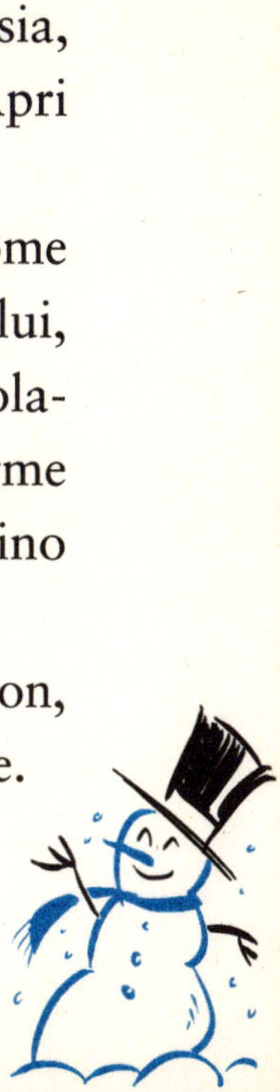

– E allora? Cosa ne dici?

– ...di cosa?

Jon infatti non si era accorto di niente, perché era intento a costruire due grosse palle di neve che stava mettendo una sopra l'altra.

– Cos'è quell'obbrobrio? – gli chiese Jack Frost.

– Aspetta – gli rispose Jon. – Fammi finire. Sto creando un'opera anch'io!

Si tolse il berretto di lana rosso e bianco e lo mise in cima alla palla di neve, poi prese la sciarpa e la avvolse attorno a quello che ora sembrava un collo e infine mise la carota che stava mangiucchiando al centro di quello che somigliava a un bel faccione rubicondo.

– Visto che bello? – esultò. – Ho fatto un pupazzo! Un pupazzo di neve!

Jack lo fissava come se fosse ammattito. Jon si era messo a saltare e a correre intorno al pupazzo e tutta quell'eccitazione in effetti non era da lui.

Dalle case vicine accorsero altri bambini e ognuno di loro portava qualcosa. Ben presto il pupazzo di neve fu vestito con una mantella rossa bordata di pelo bianco, un paio di stivaloni

da neve e sul viso gli appoggiarono persino una barba finta.

– Il pupazzo di neve! Il pupazzo di neve! – strillavano i bambini, facendogli intorno il girotondo.

Jack Frost era a dir poco indispettito. Intanto tutto quel gridare gli aveva fatto venire mal di testa, ma la cosa più grave era che nessuno di quei mostriciattoli aveva degnato di uno sguardo le sue meravigliose opere di ghiaccio. Non facevano che saltellare intorno a quel mostruoso pupazzo che aveva costruito Jon, infischiandosene di tutta la fatica che aveva fatto lui.

Con uno schiocco delle dita, fece crollare il castello, il cavallo fuggì al galoppo e il treno sparì sferragliando in fondo alla strada.

– Sembrate un branco di scimmie! – strillò ai bambini che continuavano a fare il girotondo.

– Anche tu! – gli rispose una bambina con le treccine bionde e l'aria da prima della classe. – Un folletto con la faccia da scimmia!

Jack ne aveva viste e sentite troppe per quel giorno e fuori di sé dalla rabbia recitò una formula

magica, congelando i bambini in un blocco di ghiaccio come tanti merluzzi.

Tutti tranne Jon, che se ne era andato a casa da un pezzo perché aveva freddo e anche a lui dava fastidio quella gran confusione.

– Finalmente un po' di silenzio! – sospirò Jack Frost, guardando con soddisfazione le statue di ghiaccio che fino a pochi istanti prima erano dei bambini. – Si scioglieranno in primavera!

Il pupazzo di neve, a cui avevano messo due bottoni al posto degli occhi e aveva visto quel che era successo, gli si rivolse con un vocione gentile: – Caro Jack Frost, un folletto importante come te non può prendersela con dei bambini.

– Sono dei maleducati! Hanno avuto quel che si meritano!

– Tu gli hai detto che sembravano un branco di scimmie e loro hanno risposto a tono. Sei tu che hai dato il cattivo esempio.

– Io sono Jack Frost e posso fare quello che voglio. Loro non sono nessuno. E tu? Chi sei tu per permetterti di parlarmi così?

– Io sono un pupazzo di neve, ma siccome mi ha creato un bambino so cosa passa per la testa di quelli che tu chiami scimmie.

– Di nessuno di loro mi importa. Tranne Jon, lui è diverso – mormorò Jack Frost, che non l'avrebbe mai ammesso, ma a quel ragazzino dai e dai si era un po' affezionato.

– Se tu volessi, noi due insieme potremmo fare qualcosa di molto speciale per lui – aggiunse il pupazzo di neve.

– Ho già detto che non ho bisogno di assistenti.

– Ma un capo è più capo se ha degli assistenti – lo lusingò il pupazzo di neve, che non era affatto stupido.

E infatti Jack Frost lo guardò con interesse.

– Cos'hai in mente? – gli chiese alla fine.

– Prima di dirtelo, scongela quei ragazzini. Mi sembra che la lezione sia bastata. Vedrai che si sono presi un bello spavento e da ora in poi saranno più rispettosi.

Jack Frost era curioso di sapere quel che aveva da dirgli il pupazzo di neve, così batté con un bastoncino su ogni statua, il ghiaccio si sciolse e i ragazzini, terrorizzati, se la diedero a gambe.

Quando finalmente si trovarono soli, Jack Frost e il pupazzo di neve si misero a parlare fitto fitto.

Quando il mattino dopo Jon si svegliò e corse alla finestra, il pupazzo di neve era sparito. Il

bambino si vestì in fretta, uscì e lo cercò ovunque, ma della sua creazione non era rimasta neppure un'orma sulla neve. Niente di niente. Sparito. Come se l'avesse sognato.

Iniziò a chiedere al fratello, alla mamma e al papà: – Avete visto il mio pupazzo di neve?

– Smettila, Jon! – rispondevano. – E poi che cos'è un pupazzo di neve? Una delle tue fantasie?

– No, è una cosa che ho fatto io. Era in giardino.

– Non abbiamo visto niente.

– Perché non mi credete mai? Ho costruito un omone con la pancia grossa, gli occhi rotondi e la barba...

Visto che i suoi non gli davano retta, Jon corse di casa in casa per chiedere agli amici se avevano visto il pupazzo di neve. Nessuno se ne ricordava o si interessava all'argomento e Jon si sentì triste e sfiduciato. Avrebbe giocato volentieri con il suo nuovo amico. L'unico che aveva, a dire la verità, perché gli altri bambini lo chiamavano Jon Naso Rosso e lo prendevano sempre in giro.

Venne la sera, ed era buia e fredda.

Jon si sedette davanti al camino a guardare le

fiamme. Il grande abete che svettava in salotto profumava di resina ed era addobbato con palline e candele. La stanza era calda e a poco a poco, senza accorgersene, si addormentò. A notte fonda un rumore proveniente dal giardino lo svegliò.

Jon si precipitò alla finestra e quel che vide lo lasciò senza fiato. Una grande slitta d'argento tirata da due renne era atterrata proprio davanti alla porta di casa. Sulla slitta c'era una montagna di pacchi e pacchettini di tutte le forme e colori, ma proprio una montagna, alta da arrivare fino alle stelle.

Ma la sorpresa più grande era che alla guida della slitta c'era il suo pupazzo di neve, diventato un omone in carne e ossa. Un signore con berretto, giubba e pantaloni rossi e con una grande barba bianca.

Jon si precipitò fuori correndo nella neve alta fino al ginocchio.

– Ma tu... ma tu... sei il mio pupazzo di neve? – gli chiese un po' intimidito.

L'uomo lo guardò con grandi occhi dolci e rotondi, che a quel punto non erano più dei bottoni.

– Io ero il tuo pupazzo di neve. Ora Jack mi ha trasformato in Babbo Natale.

Jack fece capolino dalla cima della montagna di pacchi: – E chiudi quella bocca – disse a Jon. – Che ti ci entra un elefante.

– E... chi è Babbo Natale? – chiese il bambino.

– Un sognatore – gli rispose l’uomo. – Arriverò ogni anno, nel cuore dell’inverno, per la precisione il 24 dicembre, e porterò dei doni ai bambini che se li sono meritati.

– Idea mia! – gridò Jack. – Pacco per Jon in arrivooo! – strillò poi e lanciò a terra un grosso pacco che per poco non finì sulla testa del bambino.

– Questo è il nostro regalo per te – disse Babbo Natale, sottolineando *nostro*.

– Così non dirai più che è meglio l’estate dell’inverno! – puntualizzò Jack Frost.

Jon prese il pacco e gli occhi gli brillavano come stelle. Gli sembrava di essere in un sogno: Babbo Natale e la slitta, le renne con i finimenti argentati che tintinnavano sotto la luna e quell’atmosfera che non avrebbe saputo spiegare... Magica, ecco, magica.

Strinse al petto il regalo, commosso.

– Grazie... Grazie a tutti e due.

– Non ti dispiace se non sono più il tuo pupazzo di neve, vero? – gli chiese Babbo Natale.

– Se non dispiace a te!

– Certo che no. Io sono contento. E poi ci vedremo ogni anno, per molti e molti anni, come questa notte. Tu promettimi che mi aspetterai sveglio.

– Lo prometto!

– E allora? – li interruppe Jack. – Abbiamo finito con questa melassa? Babbo Natale, muoviti. Abbiamo ancora da consegnare un milione di regali!

Babbo Natale fece l'occhiolino a Jon, allungò una manona c lo accarezzò sulla testa.

– Al prossimo anno, allora! – lo salutò.

Jon era elettrizzato, anche se la partenza dei suoi amici lo rendeva un po' triste. A ben pensarci quella storia del Babbo Natale, che avrebbe fatto star bene tanti bambini, l'aveva creata lui. Si era inventato il pupazzo di neve che aveva preso vita e Jack l'aveva trasformato in Babbo Natale. Insomma, lo spunto iniziale l'aveva dato proprio lui, Jon Naso Rosso.

«Domattina farò un altro pupazzo di neve» disse tra sé. «E rimarrà con me nel giardino fino a primavera.»

Babbo Natale incitò le renne e il folletto si sedette comodo in cima ai pacchi.

– Ti voglio bene, Jack! – gli gridò Jon, mentre la slitta si impennava verso le stelle.

Jack non rispose, girò le spalle a Jon e alzò il naso appuntito verso le stelle. Così nessuno si accorse che era diventato tutto rosso dall'emozione.

La slitta scomparve in un turbine di neve e Jon rimase in piedi, solo, in mezzo al giardino. Tornò in casa e adagiò il pacco ai piedi dell'abete decorato con le candele e le stelle. Trovò che ci stava bene, che era proprio il suo posto. L'avrebbe aperto il mattino dopo, anche se era molto curioso di vedere cosa conteneva. Ma l'attesa è l'attesa. Quasi meglio della sorpresa.

IL BUCANEVE

Hans Christian Andersen

Era pieno inverno, un inverno buio e freddo. I giardini erano ricoperti di neve e, del pupazzo che i bambini avevano fatto per Natale, era rimasta solo la carota ghiacciata che avevano messo al posto del naso. Nel parco giochi le altalene cigolavano vuote, spinte dal vento, su e giù, come se a muoverle fosse un fantasma.

In tutta questa desolazione, sottoterra, al calduccio nel proprio bulbo, riposava un fiore. Non sapeva nulla di quanto accadesse sopra, del vento freddo e della brina: lui sonnecchiava tranquillo e sognava la primavera.

Un giorno il cielo grigio lasciò il posto a un pallido sole. I raggi tiepidi sciolsero il ghiaccio e si insinuarono nella terra fino al bulbo. Lo sfiorarono, lo accarezzarono e il fiore si svegliò.

– Avanti, scaldatemi ancora! – disse il fiore. – Fatemi uscire!

– Più di così non posso – gli rispose il sole. – Sono ancora troppo debole. Devi aspettare l'estate. Questo è solo un assaggio del calore che ti farà nascere.

– Ma quando arriva l'estate? – continuava a ripetere il fiore ogni mattino. – Io ormai sono sveglio. Voglio distendermi e crescere fino al cielo! Voglio dire buongiorno al mondo!

Il fiore era un entusiasta. Sentiva la vita che gli scorreva dentro impetuosa come un fiume e senza ascoltare i consigli del sole si stirò, si allungò e finalmente spuntò con il capino in mezzo alla neve.

Era solo un bocciolo bianco e verde, con le foglie strette intorno che cercavano di proteggerlo dal freddo.

– Evviva! Eccomi! – gridò il fiore. Ora che non era più sottoterra, sentiva i raggi del sole ancora più caldi. – Buongiorno a tutti, sono qui!

Nei giardini però non c'era anima viva, così nessuno apprezzò lo sforzo e l'entusiasmo che ci aveva messo il fiorellino per venire al mondo.

Nessuno tranne il sole, che invece era estasiato.

– Che bello che sei! Il primo fiore, l'unico che spunta in inverno! Ti chiamerò bucaneve.

E lo scaldava, lo massaggiava con i suoi raggi, fino a che il fiore sciolse i petali che erano bianchi come la neve e striati di verde come un prato a primavera.

– Sei un amore, canti l'estate che arriverà! – continuò il sole. – E presto sarai in compagnia di tanti altri fiori, profumati e colorati! Resisti, piccolo bucaneve, resisti!

Il bucaneve era molto lusingato dai complimenti che gli faceva il sole e dal fatto di essere il primo e unico fiore ad aver sfidato il gelo. Fissò bene le radici sottoterra, deciso ad attendere la primavera a qualsiasi costo.

– Sei spuntato troppo presto! – iniziarono allora a mugghiare il vento e la pioggia, che avevano oscurato il sole. – Vedrai che gelerai, seccherai, ti spezzerai. È ancora inverno. Non potrai resistere. Sei stato avventato a spuntare, dovevi rimanere tranquillo dov'eri. La fretta è cattiva consigliera!

Il bucaneve sbuffava.

– Ecco – mormorò. – Ci mancano solo questi due. Ma se uno nella vita non rischia un po', non gli succederà mai niente! –. E rivolgendosi al vento e alla pioggia replicò: – Grazie dei consigli, ma fatevi gli affari vostri. Io resto qui dove sono. Prima o poi il sole tornerà.

Hans e Clara si stavano rincorrendo tra gli alberi spogli dei giardini. Quel pomeriggio la mamma li aveva fatti uscire perché era spuntato un solicello timido e pallido.

«Copritevi bene e ricordatevi le galosce per la pioggia!» si era raccomandata.

Ai due fratelli non era sembrato vero dopo giorni e giorni chiusi in casa e si erano lanciati in una corsa sfrenata con il vento freddo sul viso.

– Guarda, un fiore! – gridò Clara ad Hans.

– Ma cosa dici? Non ci sono fiori in inverno!

– Non sai un bel niente! Guardalo! Guarda che bello! È un bucaneve. Senti i petali come sono morbidi!

Il bucaneve vibrava di felicità. Le dita della

bambina erano tiepide e dolci e le sue carezze mettevano i brividi. Ma non brividi di freddo. Era come un senso di dolcezza che non riusciva a spiegarsi. Ed era così felice di essere tanto amato e apprezzato, che non si accorse che Hans l'aveva colto.

– Cos'hai fatto? – disse Clara al fratello. – Non dovevi coglierlo, adesso morirà.

– Non dire stupidaggini. Sarebbe morto se fosse rimasto qui al gelo!

I due fratelli tornarono a casa. Tenevano il bucaneve al riparo nel palmo della mano e quando lo misero nell'acqua, il fiore si sentì bene, protetto e felice come non era mai stato. Era convinto che fosse quella l'estate: una casa calda e due bambini con gli occhi splendenti che lo adoravano.

Ogni giorno i due fratelli gli cambiavano l'acqua e quando arrivavano gli amici per giocare, Hans e Clara per prima cosa li portavano a vedere il loro fiore. Allora il bucaneve si stirava e allungava i petali e si faceva sempre più bello per compiacere i due bambini.

Si sentiva il primo e l'unico, amato come nessun fiore al mondo.

Isabel era la sorella maggiore di Hans e Clara. Era innamorata di un ragazzo che abitava in un'altra città e si chiamava Robert. Potevano vedersi di rado e per consolarsi i due innamorati si scrivevano lunghe lettere in cui parlavano dei loro sentimenti, che si facevano sempre più appassionati man mano che il tempo passava.

Un giorno Isabel stava uscendo per imbucare una lettera per Robert, quando vide il bucaneve nella stanza dei suoi fratellini.

Senza pensarci due volte prese il fiore dal vaso, lo baciò dolcemente e lo mise nella lettera.

– Porta questo bacio al mio amore! – si raccomandò.

Il bucaneve trattenne il fiato. Stava così bene in compagnia di Hans e Clara e invece adesso era rinchiuso tra fogli profumati, al buio, senz'aria, come quando era un bulbo nascosto sottoterra.

La busta fu infilata nel sacco postale insieme alle altre e il bucaneve si sentiva schiacciato e

strapazzato e non sapeva cosa potesse accadergli di nuovo. Rimpianse di non avere una voce per poter chiedere aiuto ad Hans e Clara, che di sicuro l'avrebbero salvato e portato con loro, nella stanza dei giochi.

Poi anche quel viaggio finì.

La busta fu aperta e il bucaneve sentì il calore del sole che lo rianimava.

Il giovane Robert, l'innamorato di Isabel, aveva aperto la lettera sotto la finestra e scrutava le righe scritte dalla sua amata. Le lesse e le rilesse anche a voce alta, poi prese il bucaneve, lo baciò e lo rimise nella busta in un cassetto, in compagnia delle parole di Clara e delle altre sue lettere, che però non avevano un fiore dentro.

– Questa lettera è la più importante di tutte – sussurrò Robert. – Perché c'è dentro un fiore.

Così, ancora una volta, il bucaneve si sentì il primo e l'unico. Il più amato di tutti.

Il bucaneve rimase nel cassetto per tutta l'estate avvolto nella carta da lettere profumata. Certo, non era come stare ai giardini, o nel vaso a casa di Hans e Clara, ma quando si sentiva solo, leggeva e rileggeva la lettera di Isabel e i pensieri sognanti e le emozioni della ragazza gli scorrevano dentro e gli davano forza, quasi che fosse lui il destinatario di quel grande amore.

Passò l'inverno e non accadde nulla di nuovo, ogni tanto Robert apriva il cassetto, sfiorava la lettera con una carezza e poi lo richiudeva.

Il bucaneve assorbiva tutta l'aria e la luce che entravano e tornava ad assopirsi.

Venne di nuovo l'estate e un mattino il cassetto si aprì di colpo, la mano di Robert afferrò le lettere e iniziò a strapparle.

Il bucaneve, ormai piatto e appassito, scivolò fuori dalla busta e cadde sul pavimento, ma il giovane non se ne accorse e fu un bene, perché travolto dalla rabbia buttò una dopo l'altra le lettere nel fuoco. Il bucaneve, vedendo quella gran fiammata, capì di essere stato fortunato. Molto fortunato. Si era salvato, era vivo, invece che ridotto in cenere come tutte quelle lettere.

E ancora una volta pensò di essere unico.

Quando Robert se ne andò sbattendo la porta, il bucaneve si fece piccolo piccolo. Cosa gli sarebbe successo, ancora? Che destino lo aspettava?

Dopo un po' nello studio entrarono due ragazze, le sorelle di Robert.

– È molto arrabbiato, hai visto? – disse una di loro.

– Ho visto, sì. È saltato sul cavallo come una furia e per poco non mi travolgeva.

– Isabel l'ha lasciato. Si è innamorata di un altro ragazzo.

– Meglio così. Si vede che non era un grande amore.

– Glielo dici tu, a Robert?

– Sì, quando gli sarà passata…

Ed entrambe scoppiarono a ridere.

– Oh… Guarda! Un bucaneve.

La sorella più piccola si chinò e sollevò il fiore da terra.

– Chissà come mai si trova qui. Sarà scivolato fuori da un libro!

– È così bello – disse l'altra sorella. – Che cosa ne facciamo?

– Mettiamolo in un libro di poesie! Così vivrà per sempre in mezzo alla bellezza!

A quelle parole il bucaneve si commosse. Non sapeva cos'era la poesia, ma la bellezza sì. Bello era il volto della ragazza che l'aveva raccolto dal pavimento, bella la sua voce e la dolcezza delle dita che lo sostenevano.

«Dev'essere una cosa molto importante vivere dentro un libro di poesie…» pensò.

E quando sentì il frusciare della carta, che era simile a quello del vento, e il profumo del libro, che era simile a quello dei fiori, fu certo di aver trovato finalmente la sua casa.

E così fu.

Il bucaneve si nutrì di poesie per molti anni a venire e anche di esclamazioni di gioia e di sorpresa che gli illuminavano il cuore, perché ogni volta che qualcuno apriva il libro, lanciava un piccolo grido: «Guardate, che bello! Un bucaneve!».

Leggeva qualche poesia e lo spostava da una pagina all'altra.

Il bucaneve viaggiò attraverso le pagine del libro, che ormai considerava suo, tra i versi e le parole; viaggiò nel tempo e nello spazio, nella luce e nell'ombra, nei desideri e nel rimpianto. Le poesie diventarono la sua vita e si considerò fortunato, l'unico e il primo fiore a poter vivere per sempre. L'unico a essere tanto amato.

E sapete, può essere che lo incontriate anche voi, prima o poi. E che possiate accarezzarlo e tenerlo sul palmo della mano.

Se vi piace la poesia…

La Piccola Fiammiferaia

Hans Christian Andersen

Era la vigilia di Capodanno e in città era caduta tanta neve e l'aria sapeva di zucchero filato. I passanti che si incrociavano facevano grandi sorrisi, perché l'ultimo giorno dell'anno mette sempre allegria.

Nei giardinetti c'erano pupazzi di neve con la cravatta di seta per la sera della vigilia e una penna al posto del naso per scrivere dei giorni futuri, che tutti si auguravano belli e con tanti desideri da realizzare.

Le porte dei negozi si aprivano e chiudevano in continuazione ed era tutto un *dlin dlin* delle campanelle d'entrata; i profumi e le luci aleggiavano per qualche istante, poi si dissolvevano nel gelo.

La piccola fiammiferaia si era messa in cammino dalla mattina presto per vendere il mazzetto di

fiammiferi che portava nelle tasche del grembiule.

«Non tornare a casa se non li hai venduti tutti» aveva ruggito suo padre, un omone grande e grosso, ubriacone e manesco. «È la vigilia di Capodanno e la gente cerca fiammiferi per accendere il fuoco nel camino e le candele sulla tavola. Muoviti!»

Poi si era guardato intorno e il viso, che più che un viso era un muso, era diventato livido di rabbia.

«Maledetti loro e le belle case in cui vivono. Guarda noi come campiamo!» Accennò alla misera stanza senza luce elettrica né riscaldamento, dove abitavano in sei. Dentro faceva più freddo che fuori e digiunare era la regola. «Neanche le bestie campano come noi!»

La mamma diede un paio di scarpe alla piccola fiammiferaia e l'aiutò a infilarle.

«Tieni, piccola, sono le mie, ti staranno un po' grandi, ma sono le più calde. Vai e non temere. Sono sicura che venderai tutti i fiammiferi e quando tornerai faremo anche noi una bella cena e accenderemo il camino per festeggiare il nuovo anno.»

La piccola fiammiferaia era uscita piena di speranza. Nevicava fitto e i passanti scappavano via

veloci, ma a tutti lei offriva il mazzetto di fiammiferi, convinta che presto li avrebbe finiti e sarebbe tornata a casa a festeggiare.

Questo però era successo di mattina. Le ore erano passate e le cose erano andate in modo diverso. Nessuno, quel giorno, sembrava interessato ai suoi fiammiferi. La gente carica di pacchi e pacchetti, protetta dalle pellicce calde, la scansava in malo modo.

– Fila via, straccciona! – le dicevano.

– Tieniti pure i tuoi fiammiferi bagnati!

– Sudicia e ladra! Sciò!

La nevicata non accennava a diminuire. Il freddo era sempre più intenso e la bambina aveva i piedi congelati nonostante le scarpe della mamma e anche le dita delle mani erano viola per il freddo.

Aveva mangiato solo un pezzo di pane prima di uscire e il suo stomaco brontolava e, anche se era un suono che conosceva bene e ormai le faceva compagnia, si sentiva sempre più stanca. Però non voleva arrendersi. Era convinta che prima o poi i fiammiferi li avrebbe venduti e rimaneva in piedi con la forza di volontà, assaporando il momento

in cui le monete sarebbero passate dalle mani di un estraneo alle sue.

A quel punto lei avrebbe comprato… e iniziava a elencare tra sé le belle cose che desiderava con tutto il cuore. Il pensiero dei doni che avrebbe portato alla sua famiglia la scaldava e le dava nuove energie. Uno scialle di lana per la mamma, un sigaro per il papà, dei dolcetti per i fratelli e legna per il camino, tanta legna, che sarebbe divampata nella stanza e l'avrebbe scaldata fino alla fine dell'inverno.

Erano solo sogni, certo, perché con quel mazzetto di fiammiferi non poteva comprarsi tutte quelle cose, ma per fortuna sognare non costava nulla, anzi sembrava riempirle lo stomaco vuoto.

Ma quando arrivò la sera, con lunghe ombre come dita nere, e le strade iniziarono a svuotarsi, la piccola fiammiferaia smise di sognare. Le sembrava di essere diventata invisibile. Faceva la sua offerta con la poca voce rimasta, i suoi occhi azzurri provavano a sorridere ancora, ma nessuno si accorgeva di lei. Il mazzetto di fiammiferi che le ballonzolava nelle tasche le sembrava diventato

pesante come un'incudine. Aveva fame e freddo e voleva solo tornare a casa e dormire fino all'estate. Purtroppo sapeva di non poterlo fare. Se fosse rincasata a mani vuote, papà se la sarebbe presa con lei, i fratelli avrebbero pianto di delusione e la mamma... la mamma l'avrebbe abbracciata per consolarla, ma la sua espressione triste sarebbe stato l'ultimo ricordo di quell'anno, ed era un pensiero insopportabile.

– Fiammiferi? – domandava quindi a ogni passante.

– Lasciami in pace! – le rispondevano quelli, agitando infastiditi le dita ingioiellate.

Il buio si insinuò nella luce grigia del giorno e le finestre delle case si illuminarono una a una, come stelle nel cielo. La piccola fiammiferaia si fermava incantata a guardare le vite altrui che si stagliavano dietro i vetri. Intorno a tavole apparecchiate con candelabri d'argento e piatti di porcellana, si muovevano figure che le sembravano principi e principesse, tanto erano belli e ben vestiti. I bambini si rincorrevano eccitati, il profumo

dell'arrosto si mischiava da una casa all'altra, i camini fumavano.

All'ennesimo rifiuto, la bambina decise di sedersi per guardare quello che non avrebbe mai potuto avere. Era arrivata nel centro della città, smagliante di luci e di colori. Le carrozze passavano tintinnando con le ruote sprofondate nella neve e il fiato che usciva dal morso dei cavalli evaporava in piccole nuvolette bianche.

«Tutto sommato,» pensava la bambina «vedere queste cose bellissime è come provarle. Almeno un po'...».

Si sedette su una panchina riparata dal vento, in mezzo a due palazzine. Seduta al buio, era invisibile a tutti.

«Posso sognare quello che voglio» pensava. «E fare quello che voglio. Tanto nessuno mi vede.»

Il mantello della notte le dava l'invisibilità senza toglierle nulla.

Intanto teneva le dita infilate nella tasca e giocherellava con i fiammiferi. Fu così che le venne la voglia di fare una cosa. Proibitissima. Ma insomma, era l'ultima notte dell'anno. Una

notte magica in cui qualsiasi desiderio può avverarsi.

Sfilò un fiammifero dalle tasche e lo guardò come se fosse una pietra preziosa.

«Nessuno mi dirà niente» disse tra sé. «Ho fatto tutto quel che potevo per vendere i fiammiferi. Non è colpa mia se nessuno li vuole. E poi, ormai, chi se ne importa.»

Sfregò il fiammifero contro il muro della casa e, *risch!*, una fiamma calda e luminosa illuminò quell'angolo di città tutto suo. E nella luce che si allargava intorno a lei, la piccola fiammiferaia vide una grande stufa accesa e il calore che la avvolgeva la fece sentire subito meglio. Una pentola di minestra bolliva sul fuoco. Che profumo! La bambina prese il mestolo di legno, lo affondò nella zuppa per assaggiarla e... il fiammifero si spense e con la luce scomparve quella magnifica visione.

Adesso il buio che la circondava non le piaceva più. Ora che aveva visto la luce e sentito i profumi e le delizie di una casa, voleva ritornarci, scaldarsi e fare festa. Come tutti quelli intorno a lei.

Accese un secondo fiammifero. E la fiamma, di nuovo, illuminò il vuoto e lei si ritrovò seduta sotto un grande abete di Natale, ancora più bello di quello che aveva visto nelle vetrine del droghiere. Decine di ninnoli dondolavano sui rami insieme a pacchettini e palle di cristallo e candeline fiammeggianti. E le stava fissando, affascinata, quando le candeline si staccarono dai rami e salirono verso il tetto della stanza, lo attraversarono e uscirono

all'aperto proprio davanti ai suoi occhi. Quando le passarono davanti fiammeggiarono ancora di più, come per salutarla, e volarono sempre più in alto,

illuminando la notte cupa, fino a che raggiunsero le stelle e diventarono stelle anche loro, perché nella notte dell'ultimo dell'anno tutto può accadere. Anche che le candele tornino a essere stelle.

– Che bello! – sospirò la piccola, quando anche quel fiammifero si spense. – La mamma non mi sgriderà se ne uso un altro. L'ultimo e basta. Poi tornerò a casa e sarà quel che sarà.

Ma aveva tanto freddo e la notte avanzava, così prese il mazzetto dei fiammiferi e li sfregò contro il muro, tutti insieme.

Si alzò una fiammata così calda che le guance le diventarono rosse, sentì il sangue che le scorreva allegro nel corpo e lo stomaco smise di brontolare, come se quel calore la stesse nutrendo più di un ricco pasto. La luce era tanto forte che il muro della casa diventò trasparente e la piccola lo attraversò e si trovò in una bella cucina, dove c'era un grande andirivieni di camerieri che portavano vassoi colmi di cose buone. Davanti al camino, erano seduti dei bambini che ridevano e scherzavano. Uno di loro le sorrise: – Vieni a giocare con noi – le disse.

E una donna, che stava portando in tavola la zuppa, si chinò verso di lei sussurrando: – Piccola, ce n'è anche per te, vedi? Sembri morta di freddo: mangia qualcosa e starai subito meglio.

La donna le sorrise e la bambina pensò che assomigliava tanto alla sua nonna, che era andata tra le stelle, come diceva la mamma; ma in realtà, in quel momento, dalle stelle sembrava tornata giù proprio per lei, per farle passare il più bel Capodanno della sua vita.

Così la piccola fiammiferaia sorrise e la donna le tese le braccia.

E poi fu tutto luce, profumo di oca arrosto e risate di bambini.

Il Principe Felice

Oscar Wilde

Nella piazza principale di una gelida città del nord svettava la statua di un principe. Il corpo era ricoperto di lamine dorate e sul pomo della spada brillava un grosso rubino. Al posto degli occhi, il principe aveva due zaffiri splendenti. Era una statua ricca e famosa ed era diventata il simbolo della città. La chiamavano la statua del Principe Felice, perché ritraeva un nobile che era vissuto molto tempo prima e che aveva avuto un'esistenza spensierata. Durante tutta la sua vita non aveva fatto altro che danzare e andare a caccia. Si era divertito, insomma, senza curarsi del suo popolo e di quello che accadeva fuori dalle mura del castello.

«Beato lui!» mormorava la gente quando passava sotto la statua rabbrividendo per il freddo.

«E poveri noi che dobbiamo lottare ogni giorno per sopravvivere.»

In autunno grandi stormi di uccelli migratori sfrecciavano nel cielo, sfioravano il cappello del principe e puntavano a sud, verso le terre calde.

«Beati loro!» brontolavano i passanti. «E poveri noi che abbiamo un lungo inverno davanti!»

Anche la rondinella si era messa in viaggio per le terre del sud, ma come sempre era in ritardo. Il suo stormo era già passato sulla città ma lei, che era una gran golosa, si era fermata per strada a becchettare semi e vermetti. Ora, con la pancia piena, faceva fatica a tenere la velocità delle altre.

Le compagne decisero di non aspettarla, perché non si poteva bloccare uno stormo per una rondinella pigra e golosa. Tanto sapevano che, dopo essersi riposata, le avrebbe raggiunte.

Stava venendo buio e il vento freddo spazzava il cielo punteggiato di stelle quando la rondinella si mise a cercare un riparo per la notte.

– Che gelo! – borbottò. – Devo trovare un posticino per dormire o morirò di freddo.

Mentre sorvolava la città vide la statua del principe. Il mantello dorato offriva molti ripari e la rondinella decise di fare proprio lì una sosta per la notte.

Atterrò sul basamento, si accomodò tra le pieghe dell'abito in un angolo ancora tiepido di sole e si mise a dormire.

La svegliò una goccia sul capino.

– Che succede? – si riscosse. – Sta piovendo?

Guardò il cielo punteggiato di milioni di stelle.

– Non può essere la pioggia, non si vede una nuvola.

Ma non aveva ancora finito di parlare, che le cadde addosso una goccia e poi un'altra e un'altra ancora.

– Ma insomma... –. La rondinella rabbrividiva. – Che freddo! *Brrr*... Da dove viene quest'acqua?

Guardò in alto e vide che la statua del principe stava piangendo. Grosse lacrime scendevano dai suoi occhi di zaffiri e rigavano il bel viso.

La rondinella, che aveva un grande cuore, si preoccupò e volò sulla spalla del principe.

– Sei triste, principe? Perché piangi?

Una voce dolce e sonora le rispose nel silenzio della notte.

– Piango perché da quassù vedo tutte le cose brutte che ho ignorato quando ero in vita. Il mio popolo vive nella miseria e muore di fame. E io, che avrei potuto, non ho fatto nulla per aiutarlo. Ho vissuto nel mio castello pensando che anche gli altri facessero la mia bella vita e ora mi accorgo che i miei consiglieri mi avevano mentito.

La rondinella cercò di consolarlo, perché le lacrime la rattristavano.

– Non ti affliggere così, ormai non puoi più fare niente. Quel che è stato è stato.

– Non è vero! – esclamò la voce del principe, che si rianimò mentre diceva: – Cara rondinella, io lo so che questa notte devi riposare per riprendere il viaggio. Lo so, ma ti chiedo ugualmente un favore, perché ho capito che hai un cuore grande.

– Dimmi, principe, se posso aiutarti…

– Lo vedi quel rubino che c'è sul pomo della mia spada?

– Certo! Chi non lo vedrebbe? Manda dei bagliori che sembra il sole al tramonto.

– Ecco, dovresti prenderlo e portarlo laggiù, in quell'abbaino dove brilla una candela. Lì abita una sarta, una donna bravissima nel suo lavoro, ma così povera che non riesce neppure a comperare le medicine per l'unico figlio, che è ammalato. Io la vedo da quassù che cuce e taglia giorno e notte, mentre il suo bambino tossisce nel letto, ma nessun medico viene a curarlo, perché lei a stento riesce a guadagnare i soldi per mangiare qualcosa. Tu potresti fare molto per lei. Se stacchi con il beccuccio il rubino e glielo porti, quella brava donna potrà rivenderlo, pagare un dottore e vivere bene per il resto della sua vita.

La rondinella ci pensò per qualche secondo.

– Ma... io dovrei riposare. Se domani non avrò le forze necessarie, non potrò mettermi in viaggio. E se mi fermo qui, rischio di morire.

– Ti prego. Si tratta di poco tempo, vedrai. Io posso rimediare a quello che non ho fatto in vita e tu potrai partire per il sud magari un po' più stanca, ma felice di aver aiutato quel povero bambino.

La rondinella tremava sotto la sferza del vento.

«Vorrà dire che mi scalderò scalpellando il rubino» pensò.

– E va bene – acconsentì e iniziò a picchiettare il pomo della spada.

Quando il rubino si staccò, lo afferrò con il becco e prese il volo verso l'abbaino, uno dei pochi dove brillava ancora la luce di una candela.

«*Brrr*, che freddo...» pensò la rondinella, sbattendo forte le alucce.

Sorvolò un mare di tetti e finalmente arrivò a destinazione. Entrò dalla finestra aperta e depose il rubino sul tavolo da lavoro, accanto alla donna che dormiva con la testa sulle braccia.

La sfiorò con l'aluccia e si appollaiò sul cornicione per vedere cosa succedeva.

La donna si svegliò di soprassalto e si guardò intorno.

– Ma chi...?

Quando vide il rubino che brillava sul tavolo, iniziò a battere le mani e a gridare di gioia. Corse al letto, dove suo figlio, febbricitante, respirava appena.

– Amore mio, sei salvo! Adesso posso chiamare

il dottore che ti curerà, perché un angelo, un angelo sceso dal cielo, ci ha fatto questo dono.

La rondinella volò via accompagnata dalle grida di gioia della madre e del figlio e man mano che volava, si sentiva leggera e felice come non mai.

– Ora finalmente potrò dormire... – sbadigliò posandosi sul piedistallo della statua, ma il principe aveva altre idee.

– Ti prego, rondinella, non fermiamoci ora. Ho ancora un favore da chiederti. In quella casa laggiù vicino alla chiesa abita un giovane scrittore che vive di stenti e non riesce a terminare il suo libro. Non mangia da giorni, perché ha finito i soldi. Ma se tu potessi portargli uno dei miei zaffiri, potrebbe nutrirsi e completare la sua opera e coronare il suo sogno!

– Ma così rimarrai senza un occhio e non potrai più vedere!

– Avrò l'altro occhio e mi basterà. Quando in vita ne avevo due, non mi sono certo serviti per vedere quel che mi accadeva intorno. Un occhio sarà più che sufficiente. Ma se non te la senti...

In realtà la rondinella era un po' intirizzita, ma

si sentiva benissimo. Più leggera ed euforica di quando era arrivata. Fare del bene le piaceva molto e non pensare solo a se stessa e ai suoi bisogni rendeva i suoi voli più nobili.

Così accettò volentieri la proposta del principe.

La rondinella staccò con dei colpetti delicati lo zaffiro dall'occhio del principe e spiccò di nuovo il volo. Depose il dono tra le pagine del libro che il giovane stava scrivendo e quando lui rientrò nella stanza e vide il rubino si illuminò di gioia, corse alla porta per vedere chi l'avesse portato,

ma non fece caso alla piccola ombra che in piena notte svolazzava via felice.

Esausta, la rondinella si accucciò tra le pieghe del mantello del principe e si addormentò di colpo.

Si svegliò il mattino dopo perché uno stormo di

compagne volava sopra la statua e alcune di loro la riconobbero e iniziarono a chiamarla.

Una in particolare era una sua cara amica e quando la vide si staccò dallo stormo e scese in picchiata verso di lei.

– Parti con noi, amica mia – le disse. – Sappiamo cos' hai fatto e vogliamo metterti in guardia. Non ti fidare degli uomini. Gli uomini ci maltrattano, ci tirano i sassi con le fionde e ci uccidono per divertimento, perché tu dovresti rischiare la tua vita per aiutarli?

– Perché mi fa sentire bene.

– Hai già fatto abbastanza. Adesso mettiti in salvo, ti prego. L'inverno sta arrivando.

La rondinella alzò lo sguardo verso l'unico occhio del principe, che la fissava speranzoso.

– Verrò quando avrò finito qui – rispose con fierezza. – Non preoccuparti per me: me la so cavare. Il principe è mio amico e non metterà a repentaglio la mia vita. Mi fido di lui.

L'amica se ne andò perplessa e la rondinella, piena di energie per la notte di sonno, fece al principe la sua proposta.

– Ho pensato che mi fermerò un altro giorno e un'altra notte. Se hai ancora bisogno di me, non hai che da chiedere.

L'unico occhio di zaffiro la guardava commosso e la rondinella si sentì rimescolare lo stomaco, come quando vedeva un bell'insetto succulento.

– Ti ringrazio di cuore, amica mia. Sei un essere buono e generoso. Se te la senti, puoi prendere anche l'altro occhio e darlo a quella bambina là in mezzo alla strada. È una fiammiferaia, vedi? E le sono caduti in una pozzanghera tutti i fiammiferi. Ora non si accenderanno più e non potrà venderli. Se torna a casa a mani vuote, i suoi la picchieranno. Ma con il mio zaffiro, potrà comprare tutti i fiammiferi del mondo.

La rondinella gonfiò il petto.

– Assolutamente no. No e poi no. Così rimarresti cieco.

– Non mi importa. Ho già visto e vissuto tanto. È la mia volontà. Fai come ti dico, amica mia.

La rondinella aveva capito che il principe era una testa dura. Provò a convincerlo ancora per un po', quindi si mise a scalpellare il secondo zaffiro

e lo lasciò cadere ai piedi della ragazzina che stava accucciata in un angolo del marciapiede a piangere tutte le sue lacrime.

– Una pietra preziosa! – gridò la bambina raccogliendo lo zaffiro da terra. – Un dono di qualche ricco passante! Ora potrò tornare a casa senza prendere le botte!

La rondinella tornò a posarsi sulla spalla del principe e guardando le sue orbite vuote si immaginò quanto dovesse essere terribile non vedere più il mondo. Poi pensò che in fondo le parole non si fermano neppure davanti al buio e iniziò a raccontargli tutto quello che accadeva intorno: il cielo che cambiava colore a seconda del tempo, le luci della città che si accendevano come stelle e gli innamorati che si baciavano di nascosto sotto la statua. La rondinella aveva sempre più freddo, ma non smetteva di raccontare perché il principe la ascoltava rapito e i suoi occhi vuoti si erano rianimati.

Il mattino seguente dal cielo bianco come latte iniziarono a staccarsi i primi fiocchi di neve.

– Adesso devi proprio ripartire, rondinella – disse il principe preoccupato.

– Ormai ti conosco. So che hai in mente qualcos'altro. Non temere. Posso resistere ancora un giorno. Domani ti giuro che raggiungerò le mie compagne.

Il principe sorrise. Pochi giorni erano bastati ai due per conoscersi profondamente, più di un'intera vita.

– Di poveri in città ce ne sono tanti, amica mia. E non è giusto che solo alcuni di loro possano trascorrere un'esistenza senza miseria. Ho pensato che se tu potessi staccare le lamine d'oro di cui sono ricoperto e distribuirle, potrei ripensare alla mia vita con grande sollievo.

– Lo immaginavo... – ridacchiò la rondinella. – Tutto quell'oro senza gemme sembrerebbe inutile.

E così si mise al lavoro. Senza un attimo di sosta, per tutta la giornata, staccò le lamine a una a una e le distribuì ai poveri della città.

Non si fermò per riposare, bere o mangiare. Ora la cosa che la saziava di più non era riempirsi lo stomaco, ma contribuire alla felicità degli altri.

Quando giunse la sera, la statua era completamente sbucciata e al suo posto era rimasto solo un informe blocco di bronzo.

La rondinella si sentiva stanchissima.

– Ci sei sempre, lì sotto? – chiese sottovoce la rondinella.

– Ci sono sempre – la rassicurò il principe.

– E allora buonanotte – mormorò la rondinella e si accoccolò tra le pieghe del mantello.

Il sogno era molto vivido e reale. La rondinella era in compagnia del principe in carne e ossa, non della statua che aveva conosciuto. Lui la portava in giro per la città sulla spalla e le persone a cui avevano fatto del bene li riconoscevano e li acclamavano.

Videro il bambino malato che tornava da scuola con i libri sottobraccio, fischiettava ed era sano come un pesce. La sua mamma aveva aperto una sartoria e le clienti facevano la coda per servirsi da lei. Il giovane scrittore era diventato un artista affermato, il suo libro era esposto in grandi pile nelle vetrine della libreria e lui stava già scrivendo un altro romanzo. La piccola fiammiferaia se ne

era andata di casa e viveva da sola, perché quello era il suo sogno, lontana dalla famiglia che non l'aveva mai amata. Aveva aperto un negozio di casalinghi che andava a gonfie vele ed era felice come non mai. E tutti loro, e molti altri a cui il principe e la rondinella avevano regalato qualcosa di sé, si affacciavano alle porte e alle finestre delle case e dei negozi e salutavano e ringraziavano i loro benefattori.

Insomma, era un sogno così bello che la rondinella decise di non svegliarsi più e di rimanere con il suo principe in carne e ossa. In fondo il sud l'aveva già visto tante volte e anche le piramidi le erano venute a noia. Le interessava di più viaggiare con il suo nuovo amico e, se fosse stato possibile, rendere felici ancora tante e tante persone.

LO SCHIACCIANOCI

E. T. A. Hoffmann

Era la sera della vigilia di Natale e la pendola del salotto aveva battuto le otto.

– Tra poco potremo aprire i regali – sospirò Fritz, che non pensava ad altro da giorni.

Sua sorella Maria non rispose. Era in piedi davanti alla finestra e guardava assorta la neve che scendeva fitta fitta. Non era più una bambina come suo fratello e dei regali le importava poco. Si chiedeva invece cosa le avrebbe portato l'anno nuovo: amicizie, buoni voti a scuola, un viaggio o chissà... un amore?

– Ma quando arriva lo zio Drosselmeyer? – chiese Fritz per l'ennesima volta, scrutando le carrozze che sprofondavano con le ruote nei solchi di neve.

– Tu aspetti lo zio con tanta trepidazione solo

perché sai che ti porterà un regalo! – lo provocò Maria.

– Non è vero… Be'… Sì, anche per quello –. A Fritz vennero le orecchie rosse, perché non gli piaceva dire le bugie. – Però mi è simpatico. È il più simpatico fra tutti i parenti.

In quel momento una carrozza si fermò davanti a casa e ne uscì un arzillo signore di mezza età che fece una gran scampanellata all'ingresso.

– È lo zio Drosselmeyer! – gridarono i due fratelli, precipitandosi ad aprire.

Gli saltarono al collo e lo zio li abbracciò e fece loro tanti complimenti, perché erano i suoi nipoti preferiti.

Arrivarono i genitori di Fritz e Maria e tutti insieme si spostarono in salotto, dove sotto un grande abete di Natale erano disposti con cura pacchi e pacchettini.

– Non potete ancora aprirli! – intimò la mamma. – Li scarterete dopo cena.

Fritz iniziò a protestare, perché aveva sempre da ridire su tutto. Maria invece si sedette su una poltrona a chiacchierare con lo zio.

Fritz gironzolava in attesa del regalo, lo zio se ne accorse e fece finta di nulla per un po', poi prese due pacchetti dal cappotto e ne diede uno a Fritz e uno a Maria.

– Ecco i miei doni per voi! – disse l'uomo. – Li ho costruiti con le mie mani. Come sapete nel tempo libero mi piace inventare giocattoli.

Non aveva ancora finito di parlare, che Fritz aveva già aperto il pacchetto e quando vide cosa conteneva fece una smorfia di disappunto.

– Un topo?! – esclamò.

– Non è un topo qualsiasi – gli sorrise lo zio. – È il re dei topi. Non vedi la corona? Se gliela sollevi quando c'è la luna piena, il re dei topi si trasforma in un topo vero. Allora dovrai stare molto attento, perché può diventare un tipetto davvero pericoloso!

Fritz stava per dire che non era più un bimbetto credulone, ma un'occhiataccia della mamma lo gelò: – Ma che bel regalo che ti ha fatto lo zio, vero, Fritz?

– Ce-certo – rispose il bambino. – Grazie, zio.

Ma dopo aver rigirato il topo tra le mani per

un po', sollevato la corona e constatato che non accadeva niente, appena gli adulti si distrassero, Fritz gettò il giocattolo dietro una poltrona.

A Maria invece lo zio aveva regalato uno schiaccianoci che aveva la forma di un soldatino armato di tutto punto. Se gli mettevi una noce in bocca, alzando e abbassando il mantello, il pupazzo la schiacciava tra i denti. Era una via di mezzo tra un gioco e qualcosa di utile e a Maria piacque molto, perché anche lei si sentiva una via di mezzo. Non più una bambina che si divertiva con i giocattoli come suo fratello e non ancora una ragazza a cui potevano interessare le cose che piacciono ai grandi.

Maria abbracciò lo zio, ma Fritz, che vedeva la sorella contenta mentre lui non sapeva che farsene di quell'orribile topo, le strappò lo schiaccianoci di mano e iniziò a rompere noci una dietro l'altra.

– Stai attento! – strillò Maria. – Così me lo rompi! Devi usarlo con cura!

I due fratelli iniziarono a bisticciare e, all'ennesima noce schiacciata, al soldatino si ruppero i denti.

– Hai visto? – gridò Maria con le lacrime agli occhi. – Guarda cosa hai fatto!

Lo zio si avvicinò per consolarla.

– Non preoccuparti, cara. Domani lo aggiusto. Adesso non rovinarti la festa.

Maria non era una ragazzina che portava rancore, appoggiò lo schiaccianoci ai piedi dell'abete e gli rivolse qualche parola carina per consolarlo. Lo schiaccianoci aveva un bel viso, con sopracciglia scure e occhi neri profondi e Maria pensò che se un giorno avesse avuto un fidanzato, le sarebbe piaciuto che avesse un volto come quello. Senza i denti rotti, ovviamente.

Dopo cena Fritz e Maria aprirono i regali. Costruzioni, soldatini, giochi da tavola e altre meraviglie occuparono il pavimento del salotto in una gran confusione di carte colorate e strilla di gioia di Fritz.

Prima di andare a dormire, Maria controllò lo schiaccianoci e le sembrò che avesse un lampo triste nei profondi occhi neri. Per un attimo fu tentata di portarlo in camera con sé, perché le dispiaceva lasciarlo solo in salotto, al buio. Poi pensò che erano tutte fantasie e che uno schiaccianoci schiacciava

noci e basta. Lo salutò con un bacio lieve e salì le scale che portavano alla sua cameretta.

I due fratelli crollarono in un sonno di piombo, ma a notte alta, mentre la casa era silenziosa e tutti dormivano, Maria si svegliò di soprassalto. Si mise a sedere sul letto con il cuore che le batteva forte e tese le orecchie per capire cosa l'aveva svegliata. Non poteva sbagliarsi: dal pianterreno arrivavano

dei fruscii, rumori di passi leggeri e sospiri che mettevano i brividi.

– Mamma! Papà! – provò a chiamare, ma nessuno rispose.

I genitori avevano la camera dall'altra parte del corridoio e non potevano sentirla.

Maria guardò Fritz che dormiva beato. Era inutile svegliarlo, da lui non avrebbe avuto nessun

aiuto. Come minimo si sarebbe messo a strillare e chi si trovava a pianterreno, probabilmente un ladro, li avrebbe aggrediti.

Chiunque fosse, bisognava coglierlo di sorpresa.

Al buio, in silenzio, Maria si infilò gli zoccoli e uscì dalla stanza. A ogni passo tratteneva il respiro, cercando di non fare rumore. Quando arrivò alla balaustra delle scale si accucciò, guardò in basso e si mise una mano sulla bocca per non gridare.

L'ingresso e il salotto erano invasi da un esercito di topi che marciava compatto, le spade in pugno, dietro al loro re: il topo che Fritz aveva scagliato a terra.

Il re dei topi si era trasformato in un grosso ratto dagli occhietti feroci, con lunghe zanne al posto dei denti, la corona storta sul capo e una spada stretta in pugno.

– Uccidiamolo! – gridava ai suoi, indicando lo schiaccianoci, che lo fronteggiava con la spada sguainata.

Maria osservava ammirata il soldatino che aveva tenuto tra le mani: ora era un bel giovane dall'aria decisa, che incrociò la spada con il re dei topi e iniziò a duellare senza indietreggiare di un passo.

Nel frattempo, i topi soldati fracassavano lampadari e piatti, sventravano divani e cuscini, tagliavano le tele dei quadri e sghignazzavano mostrando i grossi denti gialli, incitandosi a vicenda.

– Soldati, a me! – gridò lo schiaccianoci.

Al suo ordine i soldatini che mamma e papà avevano regalato a Fritz si animarono, impugnarono le spade e si gettarono contro i topi, combattendo spalla a spalla insieme al loro comandante, come un vero esercito.

Maria seguiva la battaglia con il fiato sospeso.

Avrebbe voluto aiutare lo schiaccianoci, ma non sapeva come. Era molto più piccolo del re dei topi e stava indietreggiando sotto la pioggia di colpi.

A un tratto perse l'equilibrio e il re dei topi gli si gettò contro con tutto il peso del corpo. La spada dello schiaccianoci volò per aria e ricadde sul pavimento, lontana da lui.

– No! – gridò Maria.

La fanciulla osservava come in un incubo il ghigno feroce del re dei topi che si avvicinava allo schiaccianoci con la spada sguainata, pronto a colpirlo.

– Ti ammazzo! – disse al soldatino e a quel punto Maria agì senza pensare.

Si tolse lo zoccolo, prese la mira e glielo lanciò sulla testa.

Si udì un verso stridulo e uno schiocco, come di qualcosa che si rompe.

Il topaccio alzò lo sguardo stupito e i suoi occhi maligni incrociarono quelli di Maria.

– Verrò anche da te! – la minacciò. – Me la pagherai!

Poi crollò sul pavimento.

L'esercito dei topi, quando vide il re steso a terra, iniziò a sbandare.

I soldatini, che fino a quel momento avevano avuto la peggio, si rincuorarono e avanzarono, mentre i topi indietreggiavano, demoralizzati, senza più un capo.

In breve i topi si diedero alla fuga. Chi si infilava su dalla cappa del camino, chi si arrampicava sull'abete o fuggiva lungo le travi del soffitto. Scapparono via tutti e sul terreno rimasero solo i soldati e lo schiaccianoci.

La bella casa però era un campo di battaglia: sedie spezzate, vetri infranti, tappeti bruciati e Maria pensò a cosa avrebbero detto i suoi genitori il giorno dopo.

– Grazie! –. Una voce dolce e profonda la fece sobbalzare. – Mi hai salvato la vita.

Maria alzò gli occhi e vide il soldatino che si inchinava.

Ora era alto come lei, i capelli neri umidi di sudore e il sorriso intatto.

– Complimenti! Hai anche una buona mira – scherzò. – Vieni, ti presento i miei compagni.

Le tese la mano, Maria fece per sfiorarla e… si svegliò di soprassalto.

Si guardò intorno: la luce del sole inondava la camera e dal primo piano salivano i soliti rumori del mattino. Il letto di Fritz era vuoto, le lenzuola ammucchiate sul fondo. Non l'aveva neppure sentito svegliarsi, lui che era sempre così rumoroso! Cosa le era successo?

Si alzò e si precipitò in corridoio. Possibile che fosse stato tutto un sogno? No, non poteva essere. Era stato tutto così reale e ancora sulle dita sentiva quelle dello schiaccianoci, dita forti e calde che avevano ricambiato la sua stretta!

– Eccola qui, la dormigliona! – esclamò la mamma, andandole incontro. – Buon Natale, tesoro!

– Mamma! – esclamò Maria. – Non hai visto cosa è successo?

La donna la guardò in modo strano.

– Dove? Cosa stai dicendo?

– Il salotto, mamma, non l'hai visto? Il re dei topi e il suo esercito hanno distrutto la casa. Se non ci fosse stato lo schiaccianoci a fermarli, ci avrebbero uccisi!

Scese le scale di corsa e una volta giù rimase senza parole.

Al pianterreno la casa era linda e ordinata come al solito. Sulla tavola c'era il bricco della cioccolata calda e i biscotti appena sfornati profumavano l'aria.

– Ma... non è possibile... – mormorò. – Io sono sicura di averli visti.

La mamma l'abbracciò stretta.

– Tesoro, è stato un sogno. Anzi, un incubo, direi. Succede, non preoccuparti. Sarà stata l'emozione del Natale. Ma ora vai a fare colazionc, o tuo fratello finirà tutti i dolci.

Maria si guardò intorno incredula: i soldatini erano tornati nelle loro scatole, ma dello schiaccianoci non vi era traccia.

– Dov'è il mio schiaccianoci? – quasi gridò.

– Non preoccuparti – la rassicurò la mamma. – Questa mattina, mentre dormivi, è venuto lo zio e l'ha portato nel suo laboratorio per aggiustarlo, come ti aveva promesso.

Maria spinse la porta del laboratorio dello zio con il cuore in gola.

– Zio Drosselmeyer! – gridò, scuotendo la neve dalla mantella.

– Eccomi, eccomi! – rispose lo zio spuntando da una porticina che andava direttamente nel magazzino.

– ...il mio schiaccianoci?

– Eccolo qui: come nuovo! – esultò lo zio.

E le porse lo schiaccianoci con il bellissimo sorriso intatto.

– Non mi presenti questa signorina? – disse una voce calda e profonda alle loro spalle.

Maria alzò gli occhi e vide un giovane.

Era alto, bruno, con profondi occhi neri e un magnifico sorriso.

– Oh, scusatemi, che distratto. Maria, ti presento il nipote di un mio carissimo amico, Thomas. Thomas è un ufficiale dell'esercito ed è tornato per qualche giorno di vacanza.

Il giovane fece un inchino, fissando Maria dritto negli occhi.

– Perché non la accompagni a casa? – propose lo zio, che aveva colto lo sguardo tra i due giovani. – Non mi piace che le fanciulle vadano in giro da sole.

– Volevo suggerirlo io stesso – rispose il ragazzo e poi, rivolto a Maria: – Permetti?

Maria gli sorrise e mentre iniziavano a camminare sotto la neve che fioccava, si rigirava tra le mani lo schiaccianoci. Ogni tanto lo guardava e non credeva ai suoi occhi. Stava di nuovo sognando, o lo schiaccianoci aveva lo stesso volto di quel ragazzo? E l'uniforme? Non era la stessa che indossava lo schiaccianoci? Cosa voleva dire? Raccolse un fiocco di neve sulle dita e quel semplice gesto le strappò una risata. Thomas sorrise a sua volta e la prese sottobraccio. Maria sentì il cuore che accelerava. Forse il sogno di quella notte era stata un'esperienza reale che nessuno poteva comprendere. Nessuno, a parte Thomas, che la fissava come se nascondesse un segreto. In fondo, pensò, nella notte di Natale, possono accadere cose magiche.

Poi non si chiese più nulla, perché iniziò a parlare con Thomas e non c'era niente di più bello di quella camminata insieme sotto la neve. Così sperò che durasse molto, molto a lungo...

Il cubetto di ghiaccio

Sabina Colloredo

C'era una volta un cubetto di ghiaccio che non conteneva niente.

Non aveva dentro storie, musica e neppure una rosa.

Era fatto solo di ghiaccio, freddo ghiaccio trasparente.

Un giorno un bambino lo trovò, se lo mise sul palmo della mano e lo guardò attentamente.

– Mi spiace, – gli disse il cubetto di ghiaccio – dentro non ho niente. Niente di bello da farti vedere.

Ma il bambino era un poeta e non aveva bisogno che le cose esistessero, per poterle vedere.

Man mano che il ghiaccio gli si scioglieva nella mano, lui vedeva comporsi baci d'amore, occhi di tigre e aurore boreali.

– Grazie! – disse al cubetto di ghiaccio, che

ormai era una pozza iridescente nel palmo della mano. – Grazie per avermi fatto conoscere tanto in così poco spazio.

Poi accostò la bocca al palmo e bevve quell'acqua colma di fantasia.

Il bambino diventò un grande poeta e il cubetto di ghiaccio la sua fonte di ispirazione.

E vissero sempre insieme, felici e contenti.

Fiabe di Ghiaccio

Gli autori

HANS CHRISTIAN ANDERSEN è nato in Danimarca nel 1805. Figlio di un calzolaio molto povero, è considerato uno dei più grandi autori di fiabe dell'Ottocento. *Il brutto anatroccolo*, *I vestiti nuovi dell'imperatore*, *La sirenetta*, oltre naturalmente a *La piccola fiammiferaia* e *Il bucaneve*, sono solo alcune fra le più conosciute. È morto a Copenaghen nel 1875.

Con la parola **FOLKLORE** si intende l'insieme delle tradizioni popolari tramandate oralmente. Possono essere racconti, leggende, credenze, proverbi, canti, filastrocche di un Paese o di una cultura.
Il termine deriva dalla lingua inglese ed è composto dalle parole *folk* (popolo) e *lore* (sapere).

Guido Gozzano, nato a Torino nel 1883, è stato un poeta italiano, considerato il massimo esponente di un genere chiamato Crepuscolarismo. La sua poesia più celebre, che quasi tutti gli studenti italiani conoscono, si intitola *La signorina Felicita ovvero la Felicità*. Ha scritto anche molte fiabe, fra cui *Nevina e Fiordaprile*. È morto a Torino nel 1916.

Oscar Wilde, il cui nome completo è Oscar Fingal O'Flaherty Wills Wilde, è nato a Dublino nel 1854. Dandy raffinatissimo, re dei salotti mondani e culturali, ha pubblicato commedie, liriche, romanzi, fiabe, saggi. Nel 1895 ha subito un processo per omosessualità che gli è costato il carcere, come racconta nel *De profundis*. È morto a Parigi nel 1900.

Ernst Theodor Amadeus Hoffmann è nato nel 1776 a Königsberg, Prussia (la località adesso si chiama Kaliningrad e si trova in Russia). Dopo gli studi in Legge è diventato scrittore, compositore e pittore. Dalla fiaba *Lo schiaccianoci* è stato tratto un famosissimo balletto musicato da Pëtr Il'ič Čajkovskij. È morto a Berlino nel 1822.

Sabina Colloredo è nata, vive e lavora a Milano. Da oltre vent'anni si dedica alla scrittura ed è una delle voci più autorevoli della letteratura per ragazzi. Ha scritto un centinaio di libri, tradotti in numerose lingue e pubblicati in tutto il mondo. Sono romanzi e racconti, biografie femminili, storie mitologiche e romanzi storici per adulti.

Scrivi qui la tua Fiaba di Ghiaccio